WENN **KINDER** UNTER **KINDERN** LEIDEN

Dr. med. Michael Elpers

WENN KINDER UNTER KINDERN LEIDEN

Prävention und Akuthilfe für Eltern bei Mobbing und Stalking

Dr. med.
Michael Elpers

BELTZ

Die im Buch veröffentlichten Hinweise wurden mit größter Sorgfalt und nach bestem Gewissen vom Autor erarbeitet und geprüft. Eine Garantie kann jedoch weder vom Verlag noch vom Verfasser übernommen werden. Trotz sorgfältiger inhaltlicher Kontrolle können wir auch für den Inhalt externer Links keine Haftung übernehmen. Für den Inhalt der verlinkten Seiten sind ausschließlich deren Betreiber verantwortlich. Die Haftung des Autors bzw. Verlages und seiner Beauftragten für Personen-, Sach- oder Vermögensschäden ist ausgeschlossen.

Alle Namen der im vorliegenden Buch genannten Patient*innen wurden verändert. Sollten Ähnlichkeiten zu anderen Fallgeschichten bestehen, sind diese rein zufällig und keinesfalls beabsichtigt.

MIX
Papier aus verantwortungsvollen Quellen
FSC www.fsc.org FSC® C089473

Klimaneutral Papier
ClimatePartner.com/13732-1910-1001

Dieses Buch ist erhältlich als:
ISBN 978-3-407-86751-3 Print
ISBN 978-3-407-86752-0 E-Book (EPUB)

1. Auflage 2023

Lektorat: Julia Matthias
Umschlaggestaltung: anjagrimmgestaltung.de
Bildnachweis: istockphoto.com, Enis Aksoy

Herstellung und Layout: Sarah Veith

Satz: Publikations Atelier, Dreieich
Druck und Bindung: Beltz Grafische Betriebe, Bad Langensalza
Beltz Grafische Betriebe ist ein klimaneutrales Unternehmen (ID 15985-2104-100).
Printed in Germany

Weitere Informationen zu unseren Autor:innen und Titeln
finden Sie unter: www.beltz.de

Inhalt

EINLEITUNG

Mobbing? Das ist doch alles übertrieben! Oder nicht?

Dass die Sprache von Kindern und insbesondere Jugendlichen sich verändert, ist ganz normal. Jede Generation hat ihre eigene Sprache. Das zeigt sich zum Beispiel an der Wahl des Jugendwortes. Jedes Jahr können Kinder und Jugendliche dafür Vorschläge machen und selbst abstimmen. Im Jahr 2022 hat das Wort »smash« das Rennen gemacht.

Der Ausdruck steht für »mit jemandem etwas anfangen«, »jemanden abschleppen« oder auch »mit jemandem Sex haben«. Er stammt aus dem Onlinespiel »Smash or Pass«, bei dem den Nutzern* eine prominente Person angezeigt wird. Indem sie auf dem Bildschirm mit dem Finger nach links oder nach rechts wischen, bewerten sie die Attraktivität der jeweiligen Person. Die Nähe zu Online-Dating-Apps wie Tinder dürfte beabsichtigt sein. Unter den Top-Ten-Vorschlägen für das Jugendwort des Jahres war auch der Ausdruck »sus«. Er bedeutet so viel wie suspekt oder verdächtig. Interessant ist, dass er ebenfalls aus einem Onlinespiel – »Among Us« – stammt.

* In diesem Ratgeber bemühe ich mich um eine genderbewusste Sprache in dem Wissen, dass diese den Lesefluss häufig beeinträchtigt. Daher nutze ich sowohl die männliche als auch die weibliche Ansprache und meine damit stets alle Geschlechter.

Das sind nur zwei Beispiele dafür, wie die digitalen Medien heute wesentlichen Einfluss auf die Sprache von Kindern und Jugendlichen ausüben. Und dieser Einfluss wirkt sich wiederum auf den Umgang miteinander aus. Denn mittels Sprache kommunizieren wir, wir tauschen uns aus, wir verständigen uns und wir streiten uns. Ein Ratgeber gegen Mobbing und Stalking muss dieser Tatsache Rechnung tragen und den Einfluss der digitalen Medien auf das soziale Miteinander kritisch beleuchten.

Gerade in der Zeit der Pandemie war das Internet ein wichtiges Medium, um Kontakt zu halten. Eine Gesellschaft ohne Smartphone ist für unsere Kinder nicht mehr vorstellbar. Trotz der unbestritten vielen positiven Veränderungen durch die fortschreitende Digitalisierung dürfen wir aber die Schattenseiten nicht übersehen. Laut einer Online-Umfrage der Barmer Krankenkasse hat 2022 jeder zweite befragte Jugendliche mitbekommen, dass jemand im direkten Umfeld von Cybermobbing – also von Anfeindungen im Internet – betroffen war. Ein Jahr zuvor lag dieser Wert noch bei 43 Prozent. Der Anteil von Mädchen und Jungen, die kein Cybermobbing erfahren haben, ist nach der Umfrage von 32 auf 28 Prozent gesunken. Zahlen, die die Aktualität des Themas verdeutlichen.

Doch nicht nur der Sprachgebrauch im Internet hat sich verändert. Familiäre Konflikte und Streitigkeiten mit Freunden sind zwar ein notwendiger Teil einer normalen Persönlichkeitsentwicklung, aber im Gespräch mit den Familien in meiner Praxis ist immer häufiger Thema, dass schon junge Kinder ihre Eltern in Auseinandersetzungen massiv beschimpfen. Die Eltern stehen dem zum großen Teil fassungslos gegenüber. Manchmal erlebe ich es auch, dass gegenseitige Beschimpfungen Teil des normalen familiären Umgangs miteinander sind. Es scheint so, als wenn die Grenzen des »Erlaubten« in Konflikten und im täglichen Umgang immer stärker aufgeweicht werden – nicht nur in der vermeintlichen Anonymität des

Internets, sondern auch zu Hause und auf den Schulhöfen. Ist Mobbing also nur eine logische Konsequenz dieser Entwicklung, wie ich immer wieder höre?

Die Erfahrungen der Kinder und Jugendlichen in meiner Praxis, die über Wochen und manchmal Monate Anfeindungen, Ausgrenzungen und körperlichen Übergriffen ausgesetzt sind, zeigen ein anderes Bild. Sie verdeutlichen, wie massiv die Folgen für die Betroffenen sein können – nicht selten noch Jahre nach Beendigung des Mobbings. Dieser Ratgeber ist mir daher sehr wichtig. Er erkennt Mobbing und Stalking als für die seelische Gesundheit unserer Kinder ernst zu nehmende Themen an und soll Eltern sowie betroffene Kinder und Jugendliche darin unterstützen, Mobbing und Stalking frühzeitig zu erkennen, um mögliche Folgeschäden zu vermeiden.

Um Mobbing und Stalking langfristig wirksam zu begegnen, ist darüber hinaus ein generelles Umdenken unbedingt notwendig. Bislang tun wir als Gesellschaft nicht genug, um die Folgen von Mobbing und Stalking einzudämmen. Die Corona-Pandemie und die damit zusammenhängenden Probleme haben viele Schwächen unseres Schulsystems schonungslos offenbart. Da ist Mobbing, so kann man schnell unterstellen, doch nur ein Problem von vielen. Die Debatten um die zunehmende Verrohung des Sprachgebrauchs, insbesondere im Internet, zeigen aber, wie wichtig es ist, möglichst frühzeitig eine Sensibilität für Anfeindungen unserer Kinder – gleich welcher Art – zu schaffen.

In den Schulen wird noch viel zu oft nicht konsequent genug gehandelt. Dabei gibt es längst gute pädagogische Konzepte und Strategien gegen Mobbing. Sie konsequent umzusetzen, scheitert jedoch immer wieder an klaren Zuständigkeiten. Viele Eltern und Pädagogen berichten, dass es kein strukturiertes Vorgehen an den Schulen gibt, wenn ein Schüler oder eine Schülerin gemobbt wird. Mit diesem

Ratgeber möchte ich also auch dazu beitragen, Mobbing und Stalking als gesamtgesellschaftliche Probleme stärker wahrzunehmen.

Anhand von Fallbeispielen aus der Praxis beschreibe ich verschiedene Facetten des Mobbings und Stalkings und der damit verbundenen sozialen Ausgrenzung: in der Schule (siehe Kap. 4), im Internet (siehe Kap. 5) und in der Familie (s. Kapitel 6). Die betroffenen Kinder und Jugendlichen schildern aus ihrer Perspektive, wie sie die Folgen für ihren Schulalltag, den Umgang mit Gleichaltrigen und ihre seelische Gesundheit erlebt haben. Der Ratgeber befasst sich mit Risiken und Symptomen sowie den Erkrankungen, die in der Folge entstehen können (siehe Kap. 2). Denn Mobbing im Kindes- und Jugendalter hat, wenn nicht konsequent dagegen vorgegangen wird, Auswirkungen bis in das Erwachsenenalter hinein.

Vor allem im Anfangsstadium fällt es Betroffenen und ihren Familien nicht leicht, Mobbing und Stalking zu erkennen. Daher sollen Kinder und Jugendliche dabei unterstützt werden, selbst zu erkennen, ob sie von Mobbing betroffen sind und was sie dagegen tun können. Das letzte Kapitel in diesem Buch richtet sich daher direkt an die Kinder und Jugendlichen (siehe Kap. 10) und kann auch heruntergeladen werden (siehe S. 198). Kurze Checklisten, die im Anhang zu finden sind, helfen sowohl Eltern als auch Kindern, erste Anhaltspunkte zu erhalten, ob Mobbing oder Stalking vorliegen. Diese Checklisten können ebenfalls heruntergeladen werden, um mit ihnen zu arbeiten (siehe S. 198).

Als Arzt weiß ich aus vielen Gesprächen mit Familien und meinen Patienten, dass bei verordneten Medikamenten nur selten der gesamte Beipackzettel vor der Einnahme gelesen wird. Eine Patientin mit Kopfschmerzen wird sich zunächst über die Wirkungen und Nebenwirkungen informieren, die ihre Symptome positiv oder negativ beeinflussen. Daher finden sich in jedem Kapitel konkrete Hinweise, was getan werden kann beziehungsweise muss.

Vielleicht mag es überraschen: Dieses Buch soll auch dazu beitragen, mögliche Beweggründe der Täterinnen und Täter besser zu verstehen. Das ist aus meiner Erfahrung wichtig, um möglichst frühzeitig den Teufelskreis, der durch das Mobben und Stalken entsteht, zu durchbrechen. Daher findet sich in diesem Buch ein Kapitel über die entwicklungspsychologische Bedeutung von Aggressivität (siehe Kap. 3). Anhand von zwei Fallbeispielen wird deutlich, welche Motive sich hinter Mobbing verbergen können. Im Kapitel über Stalking gehe ich zusätzlich auf mögliche Hintergründe ein (siehe Kap. 7).

Das eigene Kind vor Mobbing zu schützen, ist sicherlich das vorrangige Ziel aller Eltern. Gerade in der pädagogischen Arbeit, egal ob in der Schule oder im Sportverein, kann ein solches Wissen dazu beitragen, Mobbing schneller zu erkennen und entsprechend zu handeln. So richtet sich dieser Ratgeber ebenfalls an Pädagoginnen, Sozialarbeiter und andere Berufsgruppen, die mit Kindern und Jugendlichen arbeiten. Das Wissen über Mobbing hilft nicht nur dem gemobbten Kind, sondern kann auch entscheidend dazu beitragen, zukünftiges Mobben eines anderen Kindes durch dieselben Täter und Täterinnen zu vermeiden. Schauen Sie also genauer hin, wenn sich das Verhalten Ihres Kindes plötzlich verändert, die Noten schlechter werden oder es zunehmend ungern zur Schule geht. Mobbing kann eine Ursache für diese Veränderungen sein.

KAPITEL 1

Mobbing und Stalking – Eine Bestandsaufnahme

Die Begriffe »Mobbing« und »Stalking« finden sich zunehmend als Schlagwörter für alle möglichen Formen von Konflikten zwischen Kindern und Jugendlichen: in Schulen, Sportvereinen und vielen anderen Bereichen des gesellschaftlichen Zusammenlebens. So kann man schnell den Eindruck gewinnen, dass unsere Kinder zunehmend verlernt haben, Konflikte sozial verträglich auszutragen und Kompromisse im täglichen Miteinander zu finden. Alltägliche Auseinandersetzungen scheinen schnell überhöht und Beschreibungen genutzt zu werden, die in keinem unmittelbaren Zusammenhang mit dem stehen, was tatsächlich geschehen ist.

Aber ist das wirklich so? Ist Mobbing womöglich in den meisten Fällen nur die Einbildung überfürsorglicher Eltern? Sind die Eltern von heute zu vorsichtig? Haben unsere Kinder gar verlernt, wie man sich »richtig« streitet?

Wissenschaftliche Untersuchungen zu diesem Thema zeigen eine andere Wirklichkeit. In einem Gutachten für das Bundesfamilienministerium schreibt der Wissenschaftliche Dienst des Deutschen Bundestages bereits 2018, dass »Mobbing an Schulen in der realen sowie digitalen Welt nicht mehr nur ein Randphänomen, sondern ein ernst zu nehmendes Thema«[1] ist. So ist nach den Ergebnissen der 2017 veröffentlichten PISA-Studie fast jeder und jede sechste 15-Jährige regelmäßig von Mobbing in der Schule betroffen.[2] Diese Erkenntnis deckt sich mit anderen Forschungsergebnissen zum Thema:[3]

Mobbing: Fakten

In jeder Schulklasse gibt es Schülerinnen und Schüler, die unter Mobbing leiden. Am häufigsten ist Mobbing in den Klassenstufen sechs bis neun verbreitet. Jungen mobben mehr als Mädchen. Mädchen werden häufiger gemobbt. Lernende an Gymnasien sind von Mobbing seltener betroffen als Schüler und Schülerinnen anderer Schulformen. Die Herkunft der Kinder, der Standort der Schule – Stadt oder Land – und die Größe der Klasse haben nur einen geringen Einfluss auf das Mobbing. Je älter die Kinder sind und je höher die Klassenstufe ist, desto seltener tritt Mobbing auf. Allerdings wird das Mobbing gleichzeitig stabiler und es dauert länger an.

Die Schilderungen von Eltern, Kindern und Jugendlichen in meiner Praxis stimmen mit den Erkenntnissen aus den wissenschaftlichen Studien überein. Mobbing und Stalking von Kindern und Jugendlichen nehmen zu und sind Themen, die wir sehr ernst nehmen müssen.

Schulprobleme sind der häufigste Anlass für eine Vorstellung in meiner kinder- und jugendpsychiatrischen Praxis. Oft geht es um Lern- und Leistungsprobleme, Störungen der Konzentration und Aufmerksamkeit, aber auch um Unlust und Ängste in Zusammenhang mit den täglichen Anforderungen des Schullebens. Dahinter können sich viele unterschiedliche Probleme und Erkrankungen wie Angststörungen, Depressionen oder ein Aufmerksamkeitsdefizitsyndrom mit Hyperaktivität (ADHS) oder ohne Hyperaktivität (ADS) verbergen. Oft bedarf es mehrerer Termine, um die Ursachen der seelischen Probleme zu klären.

Wenn es um Probleme der sozialen Integration in die Klasse und fortdauernde Konflikte geht, sprechen Eltern nicht selten ihren Eindruck und ihre Sorge an, dass ihr Sohn oder ihre Tochter in der Klasse gemobbt wird. Regelmäßig schauen dann die Kinder empört ihre Eltern an und verneinen, dass sie von ihren Mitschülern und Mitschülerinnen bedrängt oder geärgert werden. Denn Mobbing ist ein heikles Thema für die betroffenen Mädchen und Jungen und nicht selten schambesetzt.

Das liegt unter anderem daran, dass unsere Kinder einen großen Teil ihrer Zeit im unmittelbaren Umfeld der Schule verbringen. Da es immer mehr Ganztagsschulen gibt, wird diese Zeit des Zusammenseins noch stärker ausgedehnt. Oft treffen die Kinder in ihren Sportvereinen oder dem Musikunterricht wieder auf die Kinder aus ihrer Schule oder Klasse.

Kindheit und Jugend sind zudem Zeiten großer Entwicklungssprünge und Umbrüche. Die Auseinandersetzung mit dem Erwachsenwerden ist nicht leicht und – wie viele von uns sicherlich aus ihrer eigenen Kindheit und Jugend wissen – mit vielen Unsicherheiten und Selbstzweifeln verbunden. Je älter unsere Kinder werden, desto wichtiger wird für sie die Zugehörigkeit zu Gleichaltrigen. Sie übernehmen mehr und mehr die Meinungen ihrer Freunde und suchen nach Anerkennung und Bewunderung. Das Bild starker, fröhlicher Kinder und Jugendlicher wird darüber hinaus auf sozialen Plattformen wie Instagram, TikTok und Facebook vermittelt. Dadurch wird zusätzlicher Druck aufgebaut, diesem Bild entsprechen zu müssen.

Eltern berichten mir oftmals, dass sie sich in ihrer Sorge nicht ausreichend ernst genommen fühlen: »Ihr Kind sollte nicht immer auf die anderen zeigen«, »Mobbing gibt es bei uns nicht« oder gar »Das bildet sich Ihr Kind nur ein« sind wiederkehrende Antworten – nicht nur in der Schule, sondern auch in anderen Bereichen des sozialen Lebens der Kinder. Eltern hören oft, dass ihre Sorgen unbegründet sind und sie oder ihr Kind den Konflikt stark übertreiben. »Vielleicht wollen Sie sich damit ja nur selbst einen Vorteil für Ihr Kind erkämpfen«, war die Antwort auf den Verdacht eines besorgten Vaters, dass sein Kind gemobbt wird. Er solle auch daran denken, »was so ein Verdacht für das andere Kind bedeutet, wenn man es als Täter bezeichnen würde«.

Genauso wie für die Kinder, stellt die Schulzeit auch an die Eltern viele Anforderungen und ebenso viele Herausforderungen. Der Wunsch nach einer guten Schulbildung für ihr Kind, einem gesunden Aufwachsen und der Entwicklung einer selbstbewussten Persönlichkeit eint alle Eltern. Meine Gespräche in der Praxis zeigen regelmäßig, dass bei auftretenden Schwierigkeiten die Eltern dazu aufgefordert werden, diese Probleme schnellstmöglich mit ihren Kindern zu klären. Insbesondere soziale Probleme, die sich während des Schulalltages abspielen, lassen sich aber nur sehr eingeschränkt am Abend lösen. Viele Eltern fühlen sich kaum unterstützt und dadurch überfordert. So entsteht nicht nur bei den gemobbten Kindern, sondern auch bei den Eltern von betroffenen Kindern eine zunehmende Hilflosigkeit.

Vom Konflikt zum Mobbing

Für mich gilt es im Gespräch mit den Familien zunächst zu klären: Handelt es sich hier um einen Konflikt, wie er täglich unter Kindern vorkommt – oder handelt es sich tatsächlich um Mobbing? Bei alltäglichen Konflikten haben meist beide Seiten Gründe für ihren

Ärger. Die Konflikte können körperlich ausgetragen werden oder durch verbale Beschimpfungen. Die Art der Auseinandersetzung hängt auch vom Alter der Kinder ab.

Jüngere Kinder neigen eher zu körperlichen Auseinandersetzungen, während ältere Kinder und Jugendliche ihre Konflikte eher verbal austragen. Solche Konflikte sind notwendiger Teil der Entwicklung und enorm wichtig. Denn sie fördern die Entwicklung einer »Streitkultur« (mehr dazu in Kap. 4). Dazu gehört zum Beispiel die Fähigkeit, sich in die Absichten und Gefühle des Konfliktpartners einzufühlen, sowie die Fähigkeit zum Kompromiss.

Die für diesen Entwicklungsschritt notwendigen Konflikte und Auseinandersetzungen entstehen nicht nur in der Schule, sondern auch zu Hause in der Familie, im Sportverein und in anderen sozialen Gruppen. Sie sind in der Regel von kurzer Dauer und erfolgen mit einem erkennbaren Auslöser. Ihnen folgt meistens der Versuch einer schnellen Konfliktlösung, sodass die ursprüngliche Beziehung zwischen den Beteiligten wiederhergestellt werden kann. Allerdings kommt es auch vor, dass solche Konflikte länger andauern und am Ende zu einem Beziehungsabbruch führen, wenn alle Lösungsversuche scheitern.

Ob es so weit kommt, hängt also von den sozialen und emotionalen Fähigkeiten der am Konflikt beteiligten Personen ab. Wenn wir uns streiten, müssen wir mit entgegengesetzten Meinungen, Widersprüchen und manchmal auch Zumutungen umgehen. Kinder erlernen die Fähigkeit des Streitens, indem sie sich an Vorbildern orientieren. Diese Vorbilder sind Eltern, ebenso Erzieherinnen, Lehrer und andere Personen im sozialen Umfeld. Ohne eine solche »Streitkultur« bleiben Konflikte ungelöst und belasten zunehmend die Beziehung zwischen den Streitenden.

Handelt es sich um fortgesetzte und zielgerichtete Angriffe über einen längeren Zeitraum gegen ein Kind ohne erkennbaren Anlass, muss unbedingt genauer hingeschaut werden. Hier kann es sich um Mobbing handeln – und nicht um den oben beschriebenen alltäglichen Konflikt zwischen Kindern oder Jugendlichen. Es fehlt meist ein klar zu definierender Auslöser. Die Gründe, die für den Konflikt angegeben werden, wirken konstruiert und nicht greifbar. Bei den Tätern und Täterinnen besteht kein wirkliches Interesse an der Lösung des Streits. Sie wollen ihre Anfeindungen und Ausgrenzungen möglichst lange aufrechterhalten, da sie sich durch ihr Verhalten einen Vorteil erhoffen.

Mobbing kann alle Bereiche des sozialen Lebens unserer Kinder betreffen – und wird leider allzu oft übersehen, weil es meist im Verborgenen stattfindet. Daher ist es für Eltern oft besonders schwer zu erkennen, ob Mobbing vorliegt oder nicht. Hinzu kommt, dass auch viele Betroffene sich nicht darüber im Klaren sind, dass es sich bei den Anfeindungen gegen sie um Mobbing – und nicht um einen alltäglichen Konflikt – handelt.

Mobbing: Eine erste Definition

Mobbing und Cybermobbing sind Synonyme für die bewusste und wiederholte Ausgrenzung, das Erfahren von Gewaltandrohungen oder tatsächlich erfahrene Gewalt psychischer und physischer Natur in der realen Welt oder in den digitalen Medien. Im englischsprachigen Raum wird von »Bullying« gesprochen. Diesen Begriff findet man auch zunehmend in Deutschland. Für das Mobbing im Internet werden die Begriffe »Cybermobbing« und »Cyberbullying« verwendet. Typische Erscheinungsformen von Mobbing sind fortgesetzte körperliche Übergriffe, ständige Beleidigungen oder Erpressungen. Auch bewusstes Ausgrenzen und das wiederholte Zerstören von Gegenständen der Betroffenen gehört dazu.

Im Gegensatz zu einem Streit, bei dem sich die Streitenden meist auf Augenhöhe befinden, kommt es bei Mobbing zu einem Machtungleichgewicht zwischen Mobbern und Betroffenen. Dieses Ungleichgewicht führt zu einseitig und systematisch ausgeübter Gewalt. Mobbing zielt darauf ab, das betroffene Kind oder den Jugendlichen bewusst zu schädigen. Regelmäßige Demütigungen, Schikanen und physische und/oder psychische Verletzungen sind ein- bis mehrmals pro Woche über einen längeren Zeitraum vorhanden. Eine einmalige Demütigung oder Attacke reicht insofern nicht aus, um von Mobbing zu sprechen.

Es handelt sich um Mobbing, wenn …

- … eine bewusste Schädigungsabsicht zu erkennen ist.
- … ein Machtungleichgewicht herrscht.
- … der Wiederholungsaspekt gegeben ist.
- … die Betroffenen hilflos sind.

Außerdem muss zwischen Diskriminierung und Mobbing unterschieden werden. Diskriminierung wird als Ungleichbehandlung auf Basis von konstruierten Kategorien und Zuschreibungen wie der Hautfarbe, der ethnischen Herkunft, der Religion, des Geschlechts und der sexuellen Orientierung, aber auch aufgrund von Behinderungen oder des sozialen Status definiert. Diskriminierung aufgrund ihrer Hautfarbe erfahren zum Beispiel immer wieder Kinder und Jugendliche aus afrikanischen Ländern. Eine stetig zunehmende Form von Diskriminierung sind Anfeindungen aufgrund einer bestimmten Religionszugehörigkeit. Oftmals kennen sich Täter und Betroffene nicht. Im Gegensatz zum Mobbing fehlt bei der Diskriminierung jedoch meist der bewusste Vorsatz, die Betroffenen über einen längeren Zeitraum gezielt und bewusst zu schädigen. Die möglichen Auswirkungen sind jedoch ähnlich.

Opfer und Täter

Mobbing findet in den meisten Fällen im unmittelbaren Umfeld der Kinder und Jugendlichen, sehr häufig im Umfeld der Schule statt. Das ist nicht weiter verwunderlich. Denn unter der Woche verbringen unsere Kinder oft mehr Zeit in der Schule als zu Hause. Das gilt insbesondere für Schüler und Schülerinnen, die ganztags betreut werden. Eine Vierzigstundenwoche ist für immer mehr Kinder keine Seltenheit. In Deutschland besteht zudem eine zehnjährige Schulpflicht, daher müssen sich alle Kinder in dieser Zeit den Anforderungen des Schullebens immer wieder neu anpassen. Meist können sie sich weder ihre Mitschüler und Mitschülerinnen noch ihre Lehrerinnen und Lehrer aussuchen. Treten im schulischen Umfeld Probleme auf, ist es schwer, sich diesen zu entziehen. Man kann die Schule daher als eine »Zwangsgemeinschaft« verstehen. In einer solchen Struktur ist das Risiko für Mobbing deutlich erhöht – insbesondere wenn Konzepte für eine Gewalt- oder Mobbingprävention fehlen.

Demgegenüber kommt Mobbing zum Beispiel in Sportvereinen oder anderen sozialen Angeboten seltener vor, da hier immer die Möglichkeit besteht, den Anbieter zu wechseln. Aber auch im Breitensport ist Mobbing ein wiederkehrendes Thema. Denn der Leistungsgedanke ist gerade in Mannschaftssportarten schon in den unteren Jahrgängen sehr wichtig. Die Konkurrenz um einen Stammplatz in der Mannschaft ist durchaus gewollt. Das gilt natürlich besonders für den Leistungssport. Immer wieder gibt es hier

Berichte über fortgesetztes Mobbing durch Trainer und andere Athleten und Athletinnen.

Um es noch einmal deutlich zu sagen: Mobbing geschieht intentional, mit der bewussten Absicht des Täters, die Betroffenen anzugreifen. Die Motive, jemanden zu mobben, können sehr unterschiedlich sein. In den allermeisten Fällen liegen die Gründe nicht in der Person selbst, die von Mobbing betroffen ist, wie wir in den folgenden Kapiteln sehen werden. Das heißt, ob jemand gemobbt wird, hängt nicht unmittelbar von seiner Persönlichkeit ab. Es gibt kein »typisches« Mobbingopfer. Theoretisch kann jede Person zumindest von einem Mobbingversuch betroffen sein.

Mobbing kann durch Einzeltäter erfolgen, aber auch aus einer größeren Gruppe heraus. In der Gruppe findet sich dann meist ein dominierendes Kind, das die anderen zum Mitmachen animiert. Nicht selten wird in der Gruppe die Angst der anderen Gruppenmitglieder ausgenutzt, selbst von Mobbing betroffen zu werden. Aber auch wenn nur ein Einzelner mobbt, muss man davon ausgehen, dass zum Beispiel in einer Schulklasse alle anderen davon wissen. Ziel beim Mobbing ist die Stärkung der Position des Täters, indem der Betroffene herabgesetzt wird. Die Täter und Täterinnen nehmen so bewusst negative Auswirkungen auf die physische und psychische Gesundheit der Betroffenen in Kauf, um ihre Machtposition zu stärken.

Da das Mobbing nicht immer gleich zu erkennen ist, wehren sich viele Kinder zunächst nicht. Hinzu kommt, dass Mobbing-Erfahrungen oft mit starken Schamgefühlen verbunden sind. In der Hoffnung, doch noch Anerkennung zu finden, lassen sie vieles über sich ergehen. Anderen Betroffenen fehlt das Selbstvertrauen, sich den Anfeindungen entgegenzustellen. Wieder andere haben Angst, dass sie nur noch stärker abgelehnt werden, wenn sie sich offenbaren. Später kommt bei vielen Kindern eine erlebte Hilflosigkeit hinzu. Aus all dem entsteht ein Teufelskreis, der immer schwerer zu durchbrechen ist. Und das animiert die Täter und Täterinnen zusätzlich, mit dem Mobben fortzufahren.

Mobbing und Stalking

Ein zusätzliches Phänomen, das zunehmend häufiger unter Jugendlichen auftritt, aber noch kaum in der Öffentlichkeit wahrgenommen wird, ist das Stalken von Gleichaltrigen, also die Verfolgung, ungewollte Kontaktaufnahme durch Annäherung und Belästigung einer bestimmten Person. Mobbing und Stalking können gleichzeitig auftreten, die Übergänge sind immer wieder fließend. Das gilt vor allem in den sozialen Medien. Beim »klassischen« Stalking finden die Nachstellungen und ungewollten Annäherungen zum Beispiel durch den wiederholten Versuch einer persönlichen Kontaktaufnahme statt. Die Täter und Täterinnen sind den Betroffenen also durchaus bekannt. Ablehnungen der Kontaktversuche können im Extremfall zu aggressiven Handlungen durch die Stalker und Stalkerinnen führen.

Beim Cyberstalking kommt erschwerend hinzu, dass in der Regel nicht so schnell erkennbar ist, wer die Täter und Täterinnen sind. Sie gehen davon aus, dass das Internet ihre Anonymität wahrt und sie für die Betroffenen dadurch nicht erkennbar sind. Eine zusätzliche Belastung für die von Stalking betroffenen Kinder und Jugendlichen ergibt sich daraus, dass über die digitalen Medien große Gruppen erreicht werden können. So verbreiten sich falsche Behauptungen sehr schnell und bleiben im Internet noch lange bestehen. Unsere Kinder sind in einem immer jüngeren Alter digital vernetzt. Dadurch haben sich auch ihre Art, miteinander zu kommunizieren, und ihr Freizeitverhalten grundlegend verändert. Die

Corona-Pandemie mit den mehrmaligen Lockdowns hat dieses veränderte Kommunikationsverhalten und die Aktivitäten im Internet stark beschleunigt. Insbesondere jüngere Kinder sind im Umgang mit sozialen Plattformen wie TikTok, Instagram oder SnapChat ungeübt und posten so Inhalte, die später nur schwer wieder zurückgenommen werden können. Das macht unsere Kinder angreifbar. Daher muss dieser Form größere Aufmerksamkeit gewidmet werden (mehr dazu in Kap. 7).

Prävention an Schulen

Mobbing an Schulen ist weltweit ein Problem mit gesundheitspolitischen Auswirkungen.[4] In einer multinationalen Studie wurden über 200 000 Schüler und Schülerinnen in 40 europäischen und nordamerikanischen Ländern sowie Israel zu ihren Mobbingerfahrungen befragt. In den Ländern, in denen es keine konsequenten Anti-Mobbing-Kampagnen gab, lagen die Häufigkeitsangaben bei bis zu 40 Prozent.

Das trifft auch auf Deutschland zu. Zwar liegen grundsätzlich viele sinnvolle Präventionsprogramme zur Vermeidung von Mobbing an Schulen vor. Diese werden aber immer noch viel zu selten konsequent angewandt. Viele Bundesländer weisen lediglich auf diese Präventionsprogramme hin, verpflichtender Teil pädagogischer Arbeit an Schulen sind sie bis heute nicht.

Laut einer Studie der Universität Frankfurt am Main im Jahr 2009 standen etwas mehr als der Hälfte der befragten Schulen in Deutschland weniger als 500 Euro im Jahr zum Zwecke der Präventionsarbeit zur Verfügung.[5] Im April 2018 gab das Bundesministerium für Familie, Senioren, Frauen und Jugend (BMFSFJ) eine Stellungnahme heraus. Darin gab die damals zuständige Bundesministerin bekannt, »170 Anti-Mobbing-Profis« an die Schulen zu schicken. Für diese Maßnahme würden 20 Millionen Euro bereitgestellt, um Schulen dabei zu unterstützen, »Hass und Gewalt gegenüber Andersgläubigen einzudämmen und Toleranz und Demokratieverständnis zu fördern«. Die Maßnahme sei Teil des »Nationalen Präventionsprogrammes gegen Islamismus«.[6]

Im Jahr 2020 gab es in Deutschland insgesamt 32 228 allgemeinbildende Schulen.[7] Das heißt, dass ein Anti-Mobbing-Profi für 190 Schulen zuständig ist und gleichzeitig für jede Schule 620 Euro aus dem vom BMFSFJ bereitgestellten Fördertopf zur Verfügung standen. Im Vergleich zu der Erhebung aus dem Jahr 2009 also eine Erhöhung der Fördergelder von 100 Euro pro Schule. An diesen Zahlen wird deutlich, wie wenig Bedeutung den Themen Mobbing und Stalking bislang in unserer Gesellschaft beigemessen wird.

Das noch viel getan werden muss, um Mobbing wirksam zu begegnen, zeigen auch die Erfahrungen von Malte:

Malte war ein schlanker, damals zehn Jahre alter Junge mit schulterlangen blonden Haaren. Bei der Begrüßung im Wartezimmer schaute er mich zunächst nur kurz an, mit zögerlichem Lächeln. Dabei suchte er die Nähe zu seinen Eltern. Als wir alle in meinem Sprechzimmer Platz genommen hatten, fragte ich, was ich für Malte und seine Eltern tun könne.

Die Mutter berichtete mir, dass ihr Sohn kurz nach Beginn des neuen Schuljahres zunehmend über Kopf- und Bauchschmerzen geklagt hatte. Der zunächst kontaktierte Kinderarzt hatte jedoch keine körperliche Ursache für die Symptome gefunden, sondern darauf getippt, dass Malte zu lange am Computer spielen würde. Mehrfach musste Malte aufgrund seiner Schmerzen aus der Schule abgeholt werden. Zudem hatte die Klassenlehrerin die Eltern darüber informiert, dass Maltes Schulleistungen in letzter Zeit nachgelassen hatten. Als er sich dann zunehmend geweigert hatte, morgens überhaupt noch zur Schule zu gehen, hatte der Kinderarzt einen Termin in meiner Praxis empfohlen.

Die Familie war ein Jahr zuvor aus beruflichen Gründen nach Berlin gezogen und hatte vorher in einer mittleren Kleinstadt in Süddeutschland gelebt. Dort sei Malte nach Angaben seiner Eltern ein guter Schüler gewesen. Er sei zwar ein eher zurückhaltender Junge, hatte aber immer Freunde gehabt. Der Umzug nach Berlin sei ihm sicherlich schwerer als den beiden jüngeren Geschwistern gefallen, aber er war nach ihrer Einschätzung genauso wie seine Eltern gespannt auf die neue, große Stadt gewesen.

Der Vater ergänzte, dass Malte mit Beginn des fünften Schuljahres verändert gewirkt hatte. Er war viel gereizter als früher. Malte sei schnell mit den jüngeren Geschwistern in Streit geraten, schon Kleinigkeiten hätten ihn aufgeregt. Die Eltern hatten immer zuerst Malte ermahnt und seien auch laut geworden, da er doch der Älteste der drei Geschwister ist. Hinterher hatte Malte immer geweint und sei sehr anhänglich gewesen. Natürlich hätten sich die Eltern gefragt, ob Maltes verändertes Verhalten etwas mit der Schule zu tun haben könnte. Die Frage, ob in der Schule etwas passiert sei, hatte er aber immer verneint.

Nach den Herbstferien war Malte an einem Tag sehr verschmutzt und später als gewöhnlich aus der Schule gekommen. »Mama, wir haben Fußball gespielt, ich bin hingefallen«, war seine Erklärung. Malte hatte aber noch nie Fußball gemocht. Am Abend, ergänzte die Mutter, konnte sie mehrere blaue Flecken an Maltes Körper sehen, die ihr Sohn jedoch schnell verdeckt hatte. Das war dann für die Eltern eindeutig über das »Normale« hinausgegangen. Ihre Versuche, mit Malte darüber zu sprechen, was wirklich passiert war, hatte ihr Sohn abgeblockt. Als der Vater ihm dann gesagt hatte, dass er gleich am nächsten Morgen in der Schule anrufen würde, um zu erfahren, was vorgefallen war, hatte Malte geweint und gesagt: »Dann wird alles nur noch schlimmer.« Da die Eltern, wie sie mir sagten, zunehmend ratlos waren, folgten sie nun der Empfehlung des Kinderarztes zur Terminvereinbarung in meiner Praxis.

Ich bot Malte an, mit mir alleine zu sprechen, ohne seine Eltern. Das ist ein ganz normaler Vorgang im Rahmen der kinderpsychiatrischen Diagnostik. Oft sprechen Kinder und Jugendliche viel offener über ihre Probleme, wenn ihre Eltern nicht dabei sind. Nicht, weil sie kein Vertrauen zu ihren Eltern haben, sondern da das Gespräch in einem geschützten Rahmen stattfindet und sie oft schon wissen, was die ärztliche Schweigepflicht bedeutet.

Malte lehnte das Angebot jedoch kategorisch ab. Weil er das tat, vermutete ich, dass die Problematik allein schon durch die von der Mutter beobachteten Hämatome am Körper weit über die ursprünglich berichteten Kopf- und Bauchschmerzen hinausging. Aber ich wollte Malte nicht unter Druck setzen. Oft braucht es eine gewisse Zeit, bevor meine Patienten und Patientinnen über ihre eigentlichen Probleme sprechen können. Also sprach ich erst einmal mit den Eltern allein. Auch das ist bei jüngeren Kindern ein normales Vorgehen.

Natürlich hatte die Mutter bereits das Gespräch mit der Klassenlehrerin gesucht. Diese hätte jedoch keine Probleme in der Schule gesehen. »Vielleicht hat sich Malte ja noch nicht an das Leben in Berlin gewöhnt«, so die Vermutung der Lehrerin. Oder es könnten familiäre Probleme vorliegen, die eine Erklärung für die schlechter werdenden Schulleistungen wären. Nachdem Malte von dem Gespräch seiner Mutter mit der Lehrerin erfahren hatte, weigerte er sich, zur Schule zu gehen, und verließ morgens nicht mehr sein Bett. Daraufhin erklärte sich der Kinderarzt bereit, ihn bis zu dem Termin in meiner Praxis krankzuschreiben.

Da Malte erst einmal nicht mit mir reden wollte, bot ich Malte und den Eltern einen zeitnahen Wiederholungstermin an, auch um nach Möglichkeit längere Fehlzeiten in der Schule zu vermeiden. Ich bat am nächsten Termin anfangs nur Malte in mein Zimmer, die Eltern nahmen im Wartezimmer Platz. Wie zu erwarten, kam Malte nur widerwillig mit. Ich erklärte ihm, dass ich das Gefühl habe, dass ihm etwas passiert sei, über das er vielleicht nicht reden könne oder wolle. Zudem wies ich Malte darauf hin, dass unser Gespräch natürlich der ärztlichen Schweigepflicht unterliege und ich – solange es sich nicht um Ereignisse handle, die ihm oder Dritten schaden – nicht darüber mit anderen sprechen würde. Das schien Malte ein wenig zu beruhigen, dennoch vergewisserte er sich, ob das mit der Schweigepflicht wirklich so stimmen würde.

Er erzählte mir, dass er an jedem Morgen Bauch- und Kopfschmerzen habe und deshalb nicht zur Schule gehen könne. Dass sei nicht erst seit den Herbstferien so, sondern schon länger. Ich fragte ihn nach den blauen Flecken an seinem Körper, die seine Mutter beobachtet hatte. Er habe sich mit zwei Jungen aus der sechsten Klasse geprügelt, nach dem Unterricht auf dem Nachhauseweg, sagte er zunächst. Und dann: »Nein, das stimmt nicht. Die haben mich getreten und geschlagen. Und ich konnte mich nicht wehren. Die sind immer zu zweit und viel stärker.« Malte begann zu schluchzen, versuchte aber, sich schnell wieder zu beruhigen.

Meine Frage nach dem Hintergrund dieses Vorfalls beantwortete Malte so: Kurz nach den letzten Sommerferien hätten die beiden das erste Mal nach der Schule auf ihn gewartet, ihm seinen Rucksack weggenommen und einen Euro von ihm für die Rückgabe verlangt. Das Geld hatte er ihnen sofort gegeben. Sie hatten von ihm dann an jedem Tag Geld gefordert und jeweils einer von beiden nach Schulende außerhalb des Schulgeländes auf ihn gewartet. Deshalb habe er immer Angst gehabt, von der Schule nach Hause zu gehen.

Nach den Herbstferien hätten die beiden Jungen auf einmal zwei Euro gefordert. So viel Taschengeld habe er aber nicht bekommen. Daraufhin sei er verprügelt worden. »Warum hast du nicht mit deinen Eltern gesprochen?«, fragte ich ihn. Die beiden hätten gewusst, dass seine jüngere Schwester in die erste Klasse gehe. Wenn er etwas sage, würden sie auch von ihr Geld verlangen, so seine Antwort. Ich fragte Malte, ob er mit einem weiteren Gespräch einverstanden sei. Er schien durch den Gesprächsverlauf etwas entlastet zu sein. Als er meine Frage bejahte, bat ich ihn, darüber nachzudenken, ob es nicht besser sei, seinen Eltern von den Vorfällen zu berichten. Einerseits, weil er sich ja Sorgen um seine Schwester mache. Andererseits erklärte ich ihm, dass ich ihn schon aufgrund der geschilderten Vorkommnisse als gefährdet ansah und es deshalb wichtig sei, seine Eltern einzuweihen.

Beim nächsten Termin durfte die Mutter dann tatsächlich mit in mein Sprechzimmer. Zunächst bat ich Malte um Erlaubnis, mit seiner Mutter über die Erpressung zu sprechen. Malte bejahte meine Bitte. Danach fragte ich ihn, wie alles begonnen hatte. Malte berichtete, dass er nach dem Umzug nach Berlin gerne in seine neue Schule gegangen sei, die anderen Kinder seien nett zu ihm und das Lernen leicht gewesen. Nach den ersten Herbstferien hatte dann ein Junge aus seiner Klasse Witze über seine langen Haare gemacht. Wenn er lieber ein Mädchen sein wolle, dann soll er besser Kleider anziehen, hatte er gesagt und gefragt, warum Malte so komisch sprechen würde.

Anfangs hätte Malte nichts darauf gegeben. Aber dann hatten auch andere Kinder aus seiner Klasse mitgemacht. Immer wenn er in die Klasse gekommen sei, hätten andere gerufen, dass da das »neue Mädchen« kommt. Wenn er etwas Falsches gesagt hatte, lachten die anderen. Immer wieder waren Stifte aus seiner Mappe verschwunden. Oder sie machten sich über seine Aussprache lustig.

»Warum hast du nicht mit deiner Lehrerin oder deinen Eltern gesprochen?«, fragte ich ihn. »Ich wollte kein ›Weichei‹ sein«, so seine Antwort.

Irgendwann hatten die Bemerkungen über seine langen Haare aufgehört. In den Pausen wollte aber niemand mehr mit ihm spielen. Der Junge aus seiner Klasse sei mit seinen Freunden oft weggegangen oder habe gesagt, dass er »abhauen« solle. Die Mädchen hätten ihn zwar in Ruhe gelassen, aber oft gekichert, wenn er in die Klasse kam. »Ich wäre am liebsten nicht mehr in die Schule gegangen, weil ich immer öfter Bauch- oder Kopfschmerzen hatte. Aber ich durfte nicht zu Hause bleiben.« Dabei sah Malte seine Mutter an, die sichtlich bewegt über das Gesagte war.

Nach den Sommerferien sei es zunächst in der Schule etwas besser gewesen. Dann seien die beiden Sechstklässler in einer großen Pause zu ihm gekommen und hätten ihn gefragt, warum er immer noch da sei. Er wusste, dass einer der beiden mit dem Jungen aus seiner Klasse, der ihn zuerst geärgert hatte, befreundet ist. Einige Tage danach hatten sie dann zum ersten Mal nach dem Unterricht auf ihn gewartet und Geld von ihm verlangt.

Malte schien sehr erleichtert, als er alles ausgesprochen hatte. Seine Mutter war sehr betroffen und wütend, schien aber auch ratlos. Ich erklärte beiden, dass es aus meiner Sicht zunächst sehr wichtig sei, die Problematik mit der Klassenlehrerin zu besprechen, damit Malte möglichst schnell pädagogische Unterstützung bekommt. Auch war es mir wichtig, dass das fortgesetzte Hänseln und die Bedrohungen angesprochen werden und entsprechende Konsequenzen folgen. Maltes Eltern vereinbarten sofort einen Gesprächstermin in der Schule. Auch ich bot meine Hilfe an, falls entsprechende fachärztliche Hilfe notwendig sein sollte.

Eine Woche später schrieb mir die Mutter eine lange E-Mail. Die Eltern hatten die Klassenlehrerin informiert und innerhalb weniger Tage einen Gesprächstermin mit dem Schuldirektor und der Klassenlehrerin in der Schule vereinbart. »Auf die Erpressungen könne die Schule nicht einwirken, da sie ja nach dem Schulunterricht und außerhalb des Schulgeländes passieren würden«, war die Antwort des Direktors auf die Vorwürfe. Die Eltern sollten am besten selbst mit den Eltern der beiden beschuldigten Schüler sprechen. Die Lehrerin hatte erklärt, dass sie nichts von den Problemen Maltes mit seiner Klasse bemerkt hatte. Natürlich hätte Malte jederzeit zu ihr kommen können. Sie könne sich aber nicht vorstellen, dass alles wirklich so passiert sei. Die anderen Kinder hätten das so nicht bestätigt. Sie habe die Äußerungen von Malte aber zum Anlass genommen, dass Malte vor der ganzen Klasse – ohne vorher mit seinen Eltern zu sprechen – über seine Erfahrungen erzählen sollte, um dann mit den Schülern und Schülerinnen allgemein über das Thema »Mobbing« zu sprechen. Der betreffende Schüler, der nach Angaben Maltes über seine Haare und seinen süddeutschen Dialekt Bemerkungen gemacht hatte, war wohl nicht ausdrücklich angesprochen worden.

Für Malte sei die Erfahrung, ohne Vorwarnung vor der Klasse über das Erlebte sprechen zu sollen, sehr schlimm gewesen. Er habe kaum ein Wort herausgebracht und sich von allen angestarrt gefühlt. Die Lehrerin hatte ihm nicht wirklich geglaubt und daher auch nicht unterstützt, so sein Gefühl. Danach wurde Malte zwar in den Tagen danach in Ruhe gelassen, auch die Erpressungen nach der Schule hatten aufgehört. Es wollte aber niemand mit ihm Gruppenarbeit machen oder in den Pausen spielen.

Die Eltern waren sehr enttäuscht und wütend über das Verhalten der Schule und schalteten das Schulamt ein. Vielleicht sei es besser, wenn Malte die Klasse wechseln würde oder auf eine andere Schule gehe, so die dortige Empfehlung. Allerdings sei aufgrund der übervollen Schulen ein Wechsel frühestens nach den nächsten Sommerferien möglich. Kurzfristig würden keine freien Plätze zur Verfügung stehen. Wenn es gar nicht anders gehe, könne die Zeit auch mit Hausunterricht für Malte überbrückt werden. Dazu sei aber eine ärztliche Bescheinigung notwendig, dass Malte aufgrund einer psychischen Erkrankung aktuell nicht regulär die Schule besuchen könne. Für Maltes Eltern war klar, dass dieser Vorschlag für sie nicht infrage kam. Sie nahmen Kontakt zu mehreren Privatschulen auf, von denen eine Schule kurzfristig einen freien Platz anbieten konnte. Die jüngere Schwester wurde dort gleichzeitig aufgenommen.

Anfangs war Malte aufgeregt und sicherlich auch ängstlich aufgrund seiner negativen Erfahrungen. Recht schnell konnte er sich jedoch an die neue Schule gewöhnen und wurde auch wieder sicherer in seinem Auftreten und Umgang mit den Mitschülern. Während er anfangs noch überlegt hatte, sich seine Haare kurz schneiden zu lassen, trägt er aktuell selbstbewusst einen Pferdeschwanz.

Für Malte und seine Familie war der Schulwechsel beider Kinder die einzige Möglichkeit, die fortgesetzte seelische Belastung ihres Sohnes zu beenden. An Maltes Schule gab es zwar ein Konzept für den Umgang mit aggressivem Verhalten. Für den Umgang mit Mobbing fühlte sich aber offenbar niemand zuständig. So wurden Schlussfolgerungen gezogen, die Malte noch zusätzlich belasteten. Das unvorbereitete Gespräch über Maltes Erfahrungen vor der gesamten Klasse zum Beispiel war für ihn überfordernd und beschämend zugleich. Zudem wurde Mobbing nur als allgemeines Thema angesprochen. Das führt schnell dazu, dass die Glaubwürdigkeit des betroffenen Kindes herabgesetzt wird. Bei Malte führte es dazu, dass er von den anderen Kindern noch stärker ausgegrenzt wurde. Und auch die Eltern fühlten sich berechtigterweise nicht ausreichend unterstützt, wenn sich selbst das übergeordnete Schulamt nicht zuständig fühlt.

Maltes Geschichte zeigt, was alles falsch laufen kann. Beleidigungen und Ausgrenzung bis hin zu der geschilderten Erpressung dürfen nicht toleriert werden und es bedarf eines gemeinsamen Handelns, um betroffenen Kindern und Jugendlichen im Fall von Mobbing zu helfen. Es kommt in allen Schulformen vor und ist nicht allein ein Problem an staatlichen Schulen. Die Erfahrungen Maltes haben nichts mit den eingangs beschriebenen »normalen« Konflikten zu tun, denen Kinder und Jugendliche im schulischen Alltag regelmäßig begegnen. Bei Malte hatten die fortgesetzten Ausgrenzungen und die Gewalterfahrungen deutliche Auswirkungen auf seine seelische Gesundheit. Werden Konsequenzen nur unzureichend gezogen, können sich die negativen Konsequenzen immer weiter fortsetzen und seelische Folgeerkrankungen verursachen, wie das folgende Kapitel zeigt.

Auf einen Blick

- » Mobbing ist einseitig und absichtlich ausgeübte Gewalt.
- » Mobbing findet regelmäßig über einen längeren Zeitraum statt.
- » Mobbing ist eine Form aggressiven Verhaltens, das dem Betroffenen bewusst Schaden zufügen will.
- » Bei Mobbing herrscht ein Ungleichgewicht zwischen Täter und Betroffenen.
- » Mobbing lässt den Betroffenen kaum eine Möglichkeit, die Situation alleine zu beenden.
- » Mobbing tritt vermehrt in sogenannten Zwangsgemeinschaften wie der Schule auf.
- » Stalking ist ein vermehrt unter Jugendlichen auftretendes Phänomen.
- » Täter und Täterinnen finden sich fast immer im unmittelbaren sozialen Umfeld der Betroffenen.
- » In Ländern mit konsequenten Anti-Mobbing-Kampagnen gibt es weniger Mobbing.
- » Präventionsprogramme werden bis heute nicht konsequent genug umgesetzt.

KAPITEL 2

Mobbing und Gesundheit – Was passiert mit unseren Kindern?

Seelische Erkrankungen nehmen bei Kindern und Jugendlichen in Deutschland immer weiter zu. Der Kinder- und Jugendreport 2022 der Krankenkasse DAK[1] basiert auf den Daten von 800 000 Kindern und Jugendlichen. Die deutliche Zunahme neu diagnostizierter Essstörungen, Depressionen und Angsterkrankungen zeigt, wie wichtig genaues Hinschauen ist. Die Daten sind unter dem Eindruck der Pandemie erhoben worden. Dennoch spiegeln sie die allgemeinen Belastungen wider, mit denen Kinder und Jugendliche konfrontiert sind.

Stärker als Erwachsene sind sie auf ein stabiles soziales Umfeld angewiesen, sowohl in der Schule als auch in der Familie. Man kann einwenden, dass Mobbing und Stalking nur zwei Risikofaktoren unter vielen sind. Betrachtet man aber die langfristigen psychischen und physischen Folgen für die Betroffenen, mit denen wir uns in diesem Kapitel befassen, wird schnell deutlich, wie wichtig frühzeitiges Eingreifen ist.

Nicht ein Symptom, sondern viele

Häufige Symptome, die mir in Zusammenhang mit Mobbing begegnen, sind Ängste und depressive Verstimmungen. Dazu gehören oft sozialer Rückzug und der Verlust von Interessen. Die Stimmung kann gereizt sein, starke Stimmungsschwankungen mit plötzlichem Weinen sind nicht selten. Die berichteten Ängste können insbesondere bei jüngeren Grundschulkindern zunächst eher unspezifisch sein. Die betroffenen Kinder bringen ihre veränderte Stimmung nicht unmittelbar in Zusammenhang mit dem Mobbing. Daher ist das gezielte Nachfragen so wichtig.

Nicht selten berichten jüngere Kinder zunächst von Kopf- oder Bauchschmerzen, die sie daran hindern, morgens zur Schule zu gehen. Was viele Eltern nicht wissen: Kopf- und Bauchschmerzen gehören zu den häufigsten Schmerzsymptomen im Kindes- und Jugendalter, ohne dass eine körperliche Ursache gefunden werden kann. Die Psychosomatik als Schnittpunkt zwischen der Kinder- und Jugendpsychiatrie und der Kinderheilkunde beschäftigt sich mit der Diagnostik und Behandlung körperlicher Symptome, die ihre Ursache aber in einer seelischen Belastung haben. Diese Symptome können mit einer beginnenden psychischen Erkrankung zusammenhängen. Die Eltern haben zuvor meist mehrere Untersuchungen beim Kinderarzt veranlasst – ohne dass körperliche Ursachen für die Symptomatik gefunden werden konnten. Erst dann wird klar, dass hinter diesen Symptomen des Kindes Ängste und emotionale Belastungen stehen können.

Auch Schlafstörungen sind in Zusammenhang mit Mobbing nicht selten. Am Abend können Kinder nicht einschlafen, weil sie die Sorge um den nächsten Schultag umtreibt. Sie haben Angst vor erneuten Anfeindungen und Ausgrenzungen. Diese Ängste können sich wie bei Jugendlichen und Erwachsenen bis zu Panikattacken ausweiten, die dann völlig unabhängig von der eigentlich auslösenden Ursache auftreten.

Jugendliche haben in Zusammenhang mit Mobbing oftmals zunehmende Leistungsprobleme und beginnen, die Schule zu schwänzen. Sie ziehen sich immer weiter zurück und vermeiden Aktivitäten mit Gleichaltrigen. Das geliebte Training im Sportverein ist plötzlich nicht mehr so wichtig oder Einladungen zu Geburtstagen wird nicht mehr nachgekommen. Auch zunehmende Gereiztheit mit Aggressivität können bei Jugendlichen wie bei jüngeren Kindern Verhaltensprobleme sein, die auf Mobbing hindeuten.

An dieser Aufzählung wird deutlich, dass kein Symptom per se auf Mobbing oder Stalking hinweist. Es gibt also kein spezifisches Mobbing- oder Stalking-Syndrom. Und das erklärt, warum Mobbing und Stalking so schnell übersehen werden. Die Hinweise sind oft unspezifisch. Auftretende psychische Symptome können auch auf viele andere Ursachen einer emotionalen Belastung hinweisen. Aber an die Möglichkeit zu denken, dass Mobbing oder Stalking Ursache des Problems sein können, ist in vielen Fällen entscheidend.

Bedrückt, hilflos, beschämt

Es gibt Eltern, die bei ihren Kindern auf dieses Thema aufmerksam geworden sind und die seelischen Belastungen ihrer Kinder richtig deuten. Andere Eltern suchen über einen längeren Zeitraum das Gespräch mit ihren Kindern, bis diese von sich aus über das Mobbing sprechen können. Manche Kinder vertrauen sich ihren Eltern an oder aus der Schule kommt der Hinweis, dass die Kinder aufgrund von Mobbing Hilfe benötigen.

Sehr oft jedoch bleibt die Ursache der psychischen Veränderungen zunächst im Unklaren. Bei Problemen in der Schule – egal ob es Lern- und Leistungsschwierigkeiten oder soziale Konflikte sind – spreche ich daher bei meinen Patientinnen und Patienten immer die Möglichkeit an, dass die Ursache der psychischen Belastung fortgesetztes Mobbing sein könnte. Viele Kinder und Jugendliche sind dann erleichtert, über ihre Erfahrungen in einem geschützten Rahmen sprechen zu können. Denn die besprochenen Themen bleiben ja zwischen meinen Patienten und mir. Nur wenn ich eine Gefahr für die psychische und körperliche Gesundheit sehe, darf ich aufgrund sehr klar definierter Regeln davon abweichen. Glücklicherweise kommt eine solche Situation nur sehr selten vor.

Immer wieder stelle ich in den Gesprächen in meiner Praxis fest, dass soziale Ausgrenzung anfangs gar nicht als solche wahrgenommen wird. Der sprachliche Umgang hat sich in den letzten Jahren deutlich verändert, wie einleitend erwähnt. Beschimpfungen und Diskriminierungen werden zunehmend als »normal« hingenommen. Die Grenzen verschieben sich. Und dadurch wird den Betroffenen oft gar nicht bewusst, dass sie gemobbt werden – auch wenn sie massiv darunter leiden. Erst das gemeinsame Gespräch ermöglicht es meinen Patienten in diesen Fällen, das Erlebte richtig einzuordnen. Das ist der erste wichtige Schritt.

Gerade im Jugendalter ist die Anerkennung in der Gleichaltrigengruppe von enormer Bedeutung. Gleichzeitig ist das Selbstbewusstsein bis in das junge Erwachsenenalter hinein entwicklungsbedingt noch sehr fragil, wie eine Studie aus dem Jahr 2017 zeigt, in der das Selbstbewusstsein von Heranwachsenden zwischen zehn und 23 Jahren untersucht wurde.[2] Die Wissenschaftler interessierten sich für die Erwartungshaltung bezüglich der positiven oder negativen Bewertung durch andere in sozialen Medien. Das Ergebnis: Je jünger die Jugendlichen sind, desto stärker hängt die eigene positive oder negative Einschätzung – ob man gemocht oder eben nicht gemocht wird – von der Bewertung der anderen ab. Gleichzeitig besteht in jüngerem Alter die Erwartung, grundsätzlich eher negativ bewertet zu werden. Am deutlichsten wurde der Unterschied in der Altersgruppe zwischen 13 und 16 Jahren. Denn in dieser Zeit sind die pubertären Veränderungen am deutlichsten. Erst später gelingt es den Heranwachsenden, der externen Bewertung durch andere eine unabhängige eigene Bewertung entgegenzusetzen.

Man kann sich gut vorstellen, wie stark die emotionale Belastung durch das Mobbing und Stalking gerade in dieser Altersgruppe ist. Und das hängt fast immer mit Scham zusammen. Denn zuzugeben, dass man von Mobbing oder Stalking betroffen ist, bedeutet für Heranwachsende, Schwäche zuzugeben. Deshalb ist zunächst behutsames Nachfragen wichtig, wenn ein Verdacht besteht. Denn Offenheit braucht Vertrauen.

Depressionen und Ängste

Mobbing und Stalking haben nicht nur kurzfristige seelische und körperliche Auswirkungen für die Betroffenen. Der Zusammenhang zwischen Mobbingerfahrungen in Kindheit und Jugend und den negativen Auswirkungen auf unterschiedliche Lebensbereiche der Betroffenen im Erwachsenenalter ist mittlerweile gut belegt.[3] Zwar erleidet nicht jeder, der in der Kindheit von Mobbing betroffen war, spätere Folgeerkrankungen im Erwachsenenalter. Zumindest aber ist das Risiko hierfür deutlich erhöht. Das gilt insbesondere für Erkrankungen wie Ängste und Depressionen. Diese können – vor allem wenn sie nicht rechtzeitig behandelt werden – zu verminderten Schulleistungen führen, was sich dann wiederum im Erwachsenenalter in einem schlechteren wirtschaftlichen Status niederschlägt.[4]

Depressionen: Mehr als nur traurig

Mit Depressionen verbinden viele Menschen vor allem traurige Verstimmungen. Das ist auch grundsätzlich richtig. Aber Depressionen verursachen noch viel mehr Symptome. Davon betroffene Menschen spüren im Extremfall: nichts. Nur eine innere Leere und emotionale Taubheit. Oft wird jedoch nur die damit verbundene Antriebslosigkeit wahrgenommen, die Außenstehende zuweilen nervt. Die Anforderungen des Alltags, deren Erledigung normalerweise keine Probleme darstellen, sind für depressive Menschen nur schwer zu bewältigen. Sie würden gerne aktiv sein, doch selbst einfache Anforderungen stellen schnell große Herausforderungen dar. Eine jugendliche Patientin mit einer schweren depressiven Erkrankung berichtete mir, dass sie plötzlich nicht mehr in der Lage war, sich ihr Müsli für das Frühstück vorzubereiten. Etwas, das zuvor eine morgendliche Routine für sie gewesen war. Für die Gymnasiastin stellte diese Routine plötzlich eine unüberwindbare Herausforderung dar. Für den Schulalltag bedeutet das für betroffene Kinder und Jugendliche an jedem einzelnen Tag, mit Konzentrationsproblemen und mangelndem Antrieb zu kämpfen. Treten zusätzlich Ängste auf, verstärken sich die schon bestehenden Probleme. Das Selbstwertgefühl leidet, die betroffenen Kinder und Jugendlichen trauen sich immer weniger zu. Durch die schlechteren Schulleistungen werden dann in der Konsequenz auch schlechtere Schulabschlüsse erreicht, die sich wiederum auf die soziale und wirtschaftliche Situation im Erwachsenenalter auswirken.

Andere Untersuchungen zeigen, dass umgekehrt Depressionen und Angsterkrankungen das Risiko für späteres Mobbing steigern.[5] Dieses Risiko hängt ebenfalls mit dem Wesen von Depressionen und Angsterkrankungen zusammen. Kinder und Jugendliche mit Depressionen ziehen sich genauso wie Erwachsene immer mehr zurück. Gleiches gilt bei vielen Formen von Angsterkrankungen, insbesondere bei den sogenannten sozialen Phobien. Der Kontakt zu anderen Schülern und Schülerinnen fällt Betroffenen zunehmend schwerer, ebenso die Bewältigung des Alltags. Das macht sie schnell zu Außenseitern – sowohl in der Schule als auch später als Erwachsene in der Arbeitswelt. Und das begünstigt Mobbing. Man kann an dieser Stelle gut erkennen, welche negative Dynamik zwischen Mobbing und emotionaler Belastung in Gang kommt.

Suizidalität und selbstverletzendes Verhalten

Die Bedeutung von Mobbing als Risikofaktor für eine erhöhte Suizidalität[6] und sogenanntes nichtsuizidales selbstverletzendes Verhalten (NSSV)[7] ist ebenfalls gut belegt. Selbstverletzendes Verhalten bei Jugendlichen hat zunächst nichts mit Suizidgedanken oder Selbstmordabsichten zu tun. Es kommt auch bei Jugendlichen vor, die keine Symptome einer psychiatrischen Erkrankung zeigen. Viele Jugendliche berichten, dass sie den Schmerz als solchen gar nicht stark empfinden. Gleiches gilt übrigens für Erwachsene. Selbstverletzendes Verhalten, oftmals das Ritzen der Arme oder der Unterschenkel, dient dazu, innere Spannungen abzubauen. Anfangs werden die Fingernägel benutzt, später häufig Rasierklingen oder Nagelscheren.

Allerdings sind mir auch immer wieder Jugendliche begegnet, die ein erhebliches Maß an selbstschädigendem Verhalten zeigen.

Dann können die zugefügten Wunden so tief sein, dass eine chirurgische Versorgung unbedingt notwendig ist. Das ist für die Angehörigen extrem belastend. Die erlebte Hilflosigkeit gegenüber dem Verhalten ihres Kindes und das Wissen um den erheblichen Leidensdruck dürfen jedoch nicht dazu führen, aktionistisch und hektisch zu handeln. Es ist wichtig, die Hintergründe dieses Verhaltens in Ruhe zu klären. Und Mobbing ist eine dieser Möglichkeiten, die man in keinem Fall als Ursache ausschließen sollte.

Eine große Analyse des niederländischen Psychologen Mitch van Geel[8] weist auf das deutlich erhöhte suizidale Risiko durch Cybermobbing im Vergleich zu »traditionellem« Mobbing hin. Gerade in der Pandemie haben sich viele soziale Aktivitäten unserer Kinder und Jugendlichen in das Internet verlagert. Auch die klinischen Erfahrungen zeigen, dass es hier verstärkt zu Anfeindungen kommt. Denn Mobber und Stalker im Internet nutzen die vermeintliche Anonymität der digitalen Medien aus. Und die betroffenen Kinder und Jugendlichen fühlen sich immer hilfloser, weil sie keine Möglichkeit haben, sich direkt zu wehren. So verstärken sich entwickelnde oder bereits bestehende Depressionen und Ängste schneller und intensiver als beim »traditionellen« Mobbing. Von Cybermobbing und Cyberstalking sind insbesondere Mädchen und Frauen betroffen, da diese wesentlich stärker in sozialen Medien präsent sind und sich dadurch für Täter und Täterinnen angreifbar machen.

Demgegenüber nutzen Jungen das Internet häufiger, um sich zu Onlinespielen zu verabreden. Die Mitspieler können Freunde aus der Schule sein, aber auch fremde Personen. Durch die Erstellung von Avataren, also eigens für das Onlinespiel erfundenen Charakteren, und die Nutzung von Fantasienamen ist nicht klar erkennbar, welche reale Person im Spielchat Kontakt aufnimmt. So berichten immer wieder Jugendliche, dass es in Onlinespielen über die Chatfunktionen zu bewussten Anfeindungen kommt, um die Konzentration auf das Spiel zu stören. Das können harmlose Scherze sein, aber auch sehr verletzende Beschimpfungen.

Mobbing und Stalking sind für die betroffenen Kinder und Jugendlichen traumatisch. Eine Untersuchung einer Forschergruppe aus Ulm, Wien, Leipzig und Mainz behandelte den Zusammenhang zwischen Mobbing im Kindesalter und internalisierenden Störungen bei Erwachsenen in Deutschland.[9] Die Ergebnisse zeigen, dass Betroffene von fortgesetztem Mobbing in der Schule ein zehnfach erhöhtes Risiko haben, im späteren Berufsleben ebenfalls von Mobbing betroffen zu sein. Die Betroffenen benötigten zudem aufgrund ihrer internalisierenden Probleme signifikant häufiger professionelle therapeutische Hilfe.

Internalisierende vs. externalisierende Störungen

Unter internalisierenden Störungen versteht man psychische Erkrankungen wie Depressionen, Angststörungen und Zwangserkrankungen. Mit diesen Erkrankungen gehen signifikant häufiger Suchterkrankungen einher. Insbesondere dann, wenn die Grundproblematik über einen längeren Zeitraum nicht erkannt wird. Dem gegenüber stehen die eher externalisierenden Störungen wie Hyperaktivität, Störungen der Impulskontrolle und sogenannte Sozialstörungen. Diese Probleme treten infolge von Mobbingerfahrungen eher seltener auf.

Zwar waren die Ergebnisse der Untersuchung dadurch limitiert, dass es sich um eine retrospektive Befragung handelte. Dennoch sahen die Wissenschaftler Mobbing in der Schulzeit als »einen hohen Risikofaktor für späteres Mobbing am Arbeitsplatz und weitere gravierende Konsequenzen, wie zum Beispiel Suizidversuche und andere internalisierende Verhaltensprobleme«.

In meinem Fachgebiet werden Kinder und Jugendliche in der Regel bis zu ihrem 18. Geburtstag behandelt. Die Folgen fortgesetzten Mobbings in der Kindheit enden allerdings nicht einfach mit dem Erreichen der Volljährigkeit. Findet Mobbing über einen längeren Zeitraum statt, können die Folgen nicht nur akut im Kindes- und Jugendalter, sondern bis in das Erwachsenenalter spürbar sein. Das zeigen eindrücklich die oben genannten Untersuchungen zu diesem Thema.

Leider erhalte ich nur selten Informationen darüber, wie es meinen Patienten und Patientinnen geht, wenn sie erwachsen sind. Manchmal jedoch stellen Eltern, die selbst als Patienten bei mir in Behandlung gewesen sind, ihre Kinder in der Praxis vor. So wie Herr P., dessen Leidensgeschichte zeigt, warum das frühzeitige Erkennen, dass jemand gemobbt wird, so wichtig ist:

Dass Herr P. (38) selbst als Jugendlicher in meiner Praxis behandelt wurde, offenbarte er mir im Erstgespräch über die Probleme seines 10-jährigen Sohnes. Vorstellungsanlass waren unklare Bauchschmerzen und regelmäßiges Einnässen am Tag. Die vorangegangene kinderärztliche Abklärung hatte keine Hinweise einer körperlichen Ursache der Symptome ergeben. Daher erfolgte die Empfehlung des Kinderarztes, einen Kinder- und Jugendpsychiater zu konsultieren.

Natürlich interessierte mich die Geschichte der Familie. Sowohl die Entwicklung und eigenen Erfahrungen der Eltern in Kindheit und Jugend als auch mögliche psychische Erkrankungen lassen für mich wichtige Rückschlüsse auf die Entwicklung der Kinder zu. Herr P. hatte als Jugendlicher, wie er mir sagte, eine Angststörung entwickelt. Mehrere Monate konnte er damals die Schule nicht besuchen. Bei seiner eigenen Vorstellung in der Praxis waren damals die Hintergründe seiner Angststörung nicht eindeutig gewesen. Das ist nicht weiter verwunderlich, weil häufig mehrere Gründe zu einer psychischen Erkrankung führen. Auffallend war, dass Herr P. sich damals allen Behandlungsangeboten entzog. Er ließ sich auch kaum auf Gespräche ein.

Als Erwachsener konnte er jedoch deutlich besser über die damaligen Probleme sprechen. Seine Verweigerung sei damals vor allen Dingen aus Scham erfolgt: »Als Kind war ich ein begabter Schüler. Aber ich war auch sehr zurückhaltend und schüchtern. Ich hatte immer große Schwierigkeiten, Freunde zu finden. Irgendwie hatte ich mich nie getraut, andere Jungs in meiner Klasse anzusprechen. Mein kleiner Bruder war das genaue Gegenteil von mir. Als wir älter wurden, war ich ihm wohl vor seinen Freunden eher peinlich. Er wollte zumindest nie mit mir spielen, wenn seine Freunde bei uns zu Hause waren.

In der sechsten Klasse kam ein neuer Schüler zu uns, der es sofort auf mich abgesehen hatte. Ich konnte mich gegen die ständigen Hänseleien nicht wehren. Einmal habe ich mich mit ihm geprügelt, aber verloren. Das hat dann wahrscheinlich alles nur noch schlimmer gemacht. Bereits in der Grundschule hatte ich morgens Kopf- und Bauchschmerzen. Die wurden nun immer schlimmer. Manchmal wäre ich morgens am liebsten gar nicht erst aufgestanden und zur Schule gegangen.

Ich hatte gehofft, dass alles besser werden würde, wenn ich zum Gymnasium ginge. Leider war dieser Mitschüler auf demselben Gymnasium angenommen worden. Anfangs hatte ich Freunde. Als sie aber bemerkten, dass der andere Junge mich weiter ständig ärgerte und vor anderen schlecht über mich redete, zogen sie sich zurück. Sie wollten wohl nicht ebenfalls gemobbt werden.

Lange Zeit habe ich meinen Eltern nichts davon erzählt, bis ich dann meine Angststörung entwickelte. Oft fühlte ich mich wie gelähmt und hatte keine Kraft, morgens aufzustehen. Meine Eltern haben alles Mögliche versucht. Zunächst bestraften sie mich. Als das nicht half, versuchten sie es mit Belohnungen, die sie mir versprachen, wenn ich wieder in die Schule gehen würde. Obwohl mir das Lernen eigentlich Spaß machte, hatten alle Maßnahmen meiner Eltern keinen Erfolg. Mir war alles sehr peinlich und ich hatte mein Selbstwertgefühl verloren. Das Schlimmste aber war, dass meine Eltern meine Mobbingerfahrungen nicht ernst genommen hatten. Vor allem mein Vater meinte immer, dass ich mich einfach mehr durchsetzen müsste. Aber das ist gar nicht so leicht, wenn das eigene Selbstvertrauen immer mehr verloren geht.

Da ich nicht mehr in diese Schule gehen wollte, schrieb unser Hausarzt mich schließlich bis zum Ende des Schuljahres krank. Er hatte damals aber meinen Eltern zur Bedingung gemacht, mich psychiatrisch untersuchen zu lassen. Die Vorstellung bei Ihnen in der Praxis war für mich wie eine Niederlage. Ich hatte Angst, dass alle denken, dass ich psychisch krank und selbst schuld an meinen Problemen bin.

Nach den Sommerferien wechselte ich auf eine Gesamtschule. Ich war natürlich sehr erleichtert. Zumal ich schnell bemerkte, dass sich meine Ängste und auch meine Kopf- und Bauchschmerzen besserten. Der Start auf der neuen Schule war für mich allerdings sehr anstrengend. Ich war sehr zurückhaltend und in ständiger Sorge, dass mich erneut jemand mobbt. Erst langsam hatte ich mehr Vertrauen und ich fand auch einen Jungen, mit dem ich bis heute befreundet bin.

Während des Studiums wurden meine Ängste geringer. Damals hat mir eine Psychotherapie sehr geholfen. Ich habe dann in einer großen Berliner Firma meinen Traumjob gefunden – so dachte ich zumindest. Zunächst lief alles sehr gut, meine Vorgesetzte war immer sehr zufrieden mit mir. Mit der Übernahme der Firma bekam ich jedoch einen neuen Vorgesetzten. Von Anfang an schien ihn meine eher zurückhaltende Art sehr zu stören. Ständig kritisierte er mich vor meinen Kollegen und teilte mir Aufgaben zu, die in der Menge kaum zu lösen waren. Erst hatte ich Schlafstörungen, dann kamen die Ängste zurück. Ich ließ mich immer häufiger krankschreiben. Aufgrund eines Burn-outs kann ich aktuell nicht arbeiten und werde auch nicht in meine alte Firma zurückkehren.

Mein Sohn ist mir in seinem Verhalten sehr ähnlich. Daher befürchte ich, dass seine Bauchschmerzen und das Einnässen Teil einer Angsterkrankung bei ihm sind. Ich trage sicher auch selbst zu seinen Problemen bei, da ich ihn ständig frage, ob in der Schule alles in Ordnung ist und wie er sich mit seinen Mitschülern versteht.«

Die Erlebnisse von Herrn P. sowie die Ergebnisse der Studien zu diesem Thema verdeutlichen, wie wichtig frühzeitige Interventionen im Kindes- und Jugendalter sind, um spätere Folgeerkrankungen zu vermeiden. Ist ein Kind oder Jugendlicher von Mobbing betroffen, sollten also immer auch die möglichen Folgen im Erwachsenenalter bedacht werden. Das gilt insbesondere, wenn Eltern feststellen, dass das Mobbing ihres Kindes schon über einen längeren Zeitraum stattfindet.

Wie bei anderen Risikofaktoren auch, gibt es keine zeitliche Grenze oder einen Schwellenwert, ab dem das Risiko, als Folge des Mobbings im Kindesalter psychisch zu erkranken, deutlich ansteigt. Wie folgenschwer die Probleme sind oder ob jemand infolge des Mobbings psychisch belastet ist oder gar im Erwachsenenalter erkrankt, hängt von unseren individuellen Risikofaktoren und Schutzmechanismen ab. Wie gehen wir zum Beispiel mit Konflikten um? Welche Lösungsstrategien habe ich als Kind oder als Jugendlicher erworben? Diese Grundlagen werden in den Familien gelegt, wenn die dortigen normalen Konflikte lösungsorientiert angegangen werden. Auf diese wichtigen Fragen gehe ich in den nachfolgenden Kapiteln noch intensiver ein.

Unabhängig davon, um welche Form der psychischen Erkrankung es sich handelt: Erst wenn das Mobbing oder Stalking beendet ist, kann es zu einer seelischen Entlastung aufseiten der betroffenen Kinder und Jugendlichen kommen. Und je schneller das Mobbing beendet wird, desto geringer ist das Risiko langfristiger psychischer Folgen.

Auf einen Blick

- » Es gibt kein spezifisches Mobbing- oder Stalking-Syndrom.
- » Durch Mobbing können langfristige gesundheitliche Schäden entstehen.
- » Ängste und Depressionen sind sehr häufig Folge von Mobbing – und können sich noch im Erwachsenenalter zeigen.
- » Mobbing in der Schule erhöht das Risiko für erneutes Mobbing im Berufsleben.
- » Fortgesetztes Mobbing erhöht das suizidale Risiko.
- » Nichtsuizidales selbstverletzendes Verhalten (NSSV) tritt gehäuft auf. Das Risiko ist beim Cybermobbing am höchsten.
- » Von Mobbing Betroffene benötigen signifikant häufiger therapeutische Hilfe.

KAPITEL 3

Aggression und Entwicklung – Ein Erklärungsmodell für Mobbing und Stalking

In meiner Praxis bin ich nicht nur mit den leidvollen Erfahrungen derjenigen Kinder und Jugendlichen konfrontiert, die von Mobbing betroffen sind, sondern auch mit den denjenigen, die Mobbing ausüben. Die Beschäftigung mit den Vorgeschichten der Täter und den sich daraus ergebenden Motiven zum Mobben hilft mir, die Betroffenen und deren Eltern besser zu beraten und meinen Teil dazu beizutragen, das Mobben und Stalken möglichst schnell zu beenden.

Um zu verstehen, welche Beweggründe bei Kindern und Jugendlichen hinter dem Mobben stehen, warum sie zu Tätern werden, ist die Beschäftigung mit Aggression als Teil der normalen Entwicklung unbedingt notwendig. Denn das Wissen über die Hintergründe aggressiven Verhaltens trägt in vielen Fällen dazu bei, schneller zu reagieren und geeignete Maßnahmen zu ergreifen, die sich gezielt an ebendiesen Beweggründen orientieren.

Aggression: Eine erste Definition

Folgt man aktuellen Begriffsbestimmungen und Definitionen, zeigt sich schnell, dass sich Aggressionen und aggressives Verhalten aus vielen Blickwinkeln definieren lassen. So wird Aggression zum Beispiel im Dorsch'en Lexikon der Psychologie als »eine Klasse von sozialen Verhaltensweisen« beschrieben, »die mit der Absicht ausgeführt werden, eine Person zu schädigen. Aggression kann in Form physischer oder verbaler Schädigung oder der Schädigung der sozialen Beziehungen einer anderen Person in Erscheinung treten.« Gewalt ist demnach eine »Unterform von Aggression, die durch die Absicht einer schweren körperlichen Schädigung der Zielperson gekennzeichnet ist«.[1] Diese Definition betont insbesondere den destruktiven Charakter des aggressiven Handelns. Aber trifft eine solche allgemeine Definition wirklich auf alle Kinder zu, wenn sie aggressives Verhalten zeigen?

Nicht selten stellen Eltern ihre noch sehr jungen Kinder in meiner Praxis vor, da diese von den Erzieherinnen im Kindergarten als »verhaltensauffällig« beschrieben wurden. Meist sind diese Kinder zwischen drei und fünf Jahre alt, also im Kindergartenalter. Anderen Kindern gegenüber sei das Kind aggressiv, es nehme ihnen immer wieder Spielzeug weg. Es würde andere schubsen, sie versuchen zu schlagen oder sogar beißen. Das Kind verstehe auch nicht, wenn die anderen Kinder dann weinen würden. Es brauche eine Therapie, damit es sein Verhalten ändere. Für mich ist an dieser Stelle die Frage wichtig: Tritt das beschriebene auffällige Verhalten in anderen Situationen ebenfalls auf? Tut es das nicht, kann das schon ein Hinweis darauf sein, dass die Aggression situationsbedingt und – allein aufgrund des jungen Alters des Kindes – nicht zielgerichtet ist.

Auch bei Kindern und Jugendlichen mit kognitiven Behinderungen können solche situationsbedingten Aggressionen auftreten. Denn ihre Sprachentwicklung ist häufig mit besonderen Herausforderungen verbunden. Wenn sie bestimmte Sachverhalte verbal nicht ausdrücken können, kann bei ihnen aggressives Verhalten Teil ihrer Kommunikation sein. Dann mag die Aggression zwar zielgerichtet sein, sie folgt jedoch aus einer bestimmten Absicht heraus. Und diese Absicht hat nicht primär das Ziel, jemand anderen bewusst zu schädigen.

Aggression kann außerdem Symptom einer psychischen Erkrankung sein, etwa bei Manien oder schizophrenen Erkrankungen. Diese Erkrankungen treten im Kindesalter jedoch nicht auf und sind auch im Jugendalter eher selten. Hier kann man ebenfalls nicht davon ausgehen, dass mit dem aggressiven Verhalten bestimmte Absichten verfolgt werden, die jemanden bewusst schädigen sollen.

Noch schwieriger wird die Auseinandersetzung mit dem Thema Aggression im Bereich Sport. Nicht nur im Leistungssport, sondern auch im Breitensport ist Gewinnen in der Regel das wichtigste Ziel. Das »taktische« Foulspiel in Ballsportarten ist anerkanntes Mittel auf dem Weg zum Sieg. Und beim Boxen ist für viele das absichtliche Zufügen von Körpertreffern und der K.-o.-Sieg das Ziel. Hieran wird ebenfalls deutlich, dass die oben genannte Definition von Aggression zu kurz greift.

Aggression und Entwicklung

Für meine Arbeit in der Praxis spielt die Entwicklung der Emotionen in unterschiedlichen Lebensphasen der Kinder und Jugendlichen eine entscheidende Rolle. Nur unter Berücksichtigung des Entwicklungsstandes, des Alters und der sozialen Begleitumstände ihrer Lebenswelten gelingt eine genaue Einschätzung ihres Verhaltens. Gegebenenfalls muss ich die Beobachtungen der Bezugspersonen einbeziehen. Je jünger das Kind ist, desto bedeutsamer ist die Beschreibung der Eltern und Erzieherinnen.

Aggression aus entwicklungspsychologischer Sicht

Die Entwicklungspsychologin Doris Bischof-Köhler weist in ihrer Definition von Aggression auf deren Notwendigkeit hin: »Beobachtungen in therapeutischen Sitzungen [legen nahe], dass ein gewisses Maß an Aggressivität unverzichtbar sein dürfte, wenn Selbstständigkeit, Durchsetzungsvermögen, Initiative und eine zupackende Art bei Problembewältigungen gewährleistet sein sollen. Man wird also zunächst einmal abklären müssen, welche positiven Funktionen der Aggression zukommen, bevor man sich der Frage zuwendet, unter welchen Umständen aggressive Entgleisungen auftreten und was darunter zu verstehen ist.«[2] Für Bischof-Köhler ist aggressives Handeln von Kindern damit bis zu einem gewissen Grad notwendiger Teil einer gesunden Persönlichkeitsentwicklung. Denn sie dient dazu, Konflikte zu lösen und selbstständig zu werden.

Diese Haltung ist in meinen Gesprächen mit den Eltern enorm wichtig. Eine möglichst wertungsfreie Betrachtung von Aggressionen entlastet viele Eltern und kann dazu beitragen, das aggressive Verhalten ihres Kindes besser einzuordnen. Aggressionen unter Kindern werden in allen Kulturen und Gesellschaftsschichten beobachtet. Selbst in Erziehungsgruppen, in denen konflikt- und niederlagenfreie Lösungen und repressionsfreie Erziehungsideale wie etwa in den Kinderläden der 68er-Generation vorherrschten, zeigten die Kinder aggressives Verhalten als häufigste Konfliktlösungsstrategie.[3]

Nicht jede Form von Aggressivität muss also unterbunden werden oder ist gleichbedeutend mit einem Verhaltensproblem. Es kommt immer auf die Begleitumstände an. In jedem Fall ist es wichtig, mit

Kindern von Anfang an darüber zu sprechen, was Aggressionen bedeuten und was sie auslösen können. In einem solchen Gespräch sollten nicht nur die negativen Auswirkungen aggressiven Verhaltens angesprochen werden. Ich erkläre den Eltern, dass aggressives Verhalten nicht automatisch mit Gewaltausübung und Schädigung eines anderen gleichzusetzen ist. Ein bewusster Umgang mit den eigenen Aggressionen führt eben auch zur Durchsetzungsfähigkeit eigener Ziele, ohne dass jemand anderes zu Schaden kommen soll. So kann die Fähigkeit zur Konfliktlösung verbessert werden. Den Kindern sollte jedoch immer bewusst gemacht werden, welche negativen Konsequenzen aus unkontrollierter Aggression entstehen können.

Weiter ist in diesem Zusammenhang für Eltern wichtig, dass aggressives Verhalten und dessen Bedeutung vom jeweiligen Alter des Kindes abhängig ist. Für Kinder im Vorschulalter gilt, dass eine bewusste Schädigungsabsicht entwicklungsbedingt noch nicht vorhanden ist. In diesem Alter überwiegen körperliche Formen von Aggressionen. Sie dienen jungen Kindern weniger der Konfliktbewältigung, sondern zum Beispiel dazu, ein Spielzeug zu erlangen oder eines zu verteidigen. Meist sind diese aggressiven Handlungen nur von sehr kurzer Dauer und laufen nach einem ähnlichen Muster ab. In dem Wunsch, ein Spielzeug zu besitzen oder es zu behalten, wird das andere Kind gleichsam zu einem Hindernis. Das Kind kann das ersehnte Spielzeug nur erlangen, wenn es dieses dem anderen Kind wegnimmt.

Solche Auseinandersetzungen dauern im Durchschnitt nur wenige Sekunden. Obwohl sie immer mit negativen Konsequenzen für das eine Kind enden, sind diese kurzen Konflikte für beide Kinder enorm wichtig, um Konfliktlösungsstrategien zu entwickeln. Denn beide Kinder lernen aus dem Verhalten des jeweils anderen. Mobbing spielt zwischen Kindern im Kindergartenalter also keine Rolle, da die bewusste Schädigungsabsicht fehlt.

Die in diesem Alter häufig beobachtete Geschwisterrivalität stellt eine Sonderform aggressiven Verhaltens da. Hier geht es insbesondere um Rangordnungen innerhalb von Familien und somit auch darum, sich gegenüber den Geschwistern überlegen zu zeigen. Auf dieses besondere Thema gehe ich im Kapitel über die Geschwisterrivalität noch ausführlich ein (siehe Kap. 6).

Mit dem Übergang in die Grundschule lässt sich eine langsame Änderung beobachten. Mit zunehmendem Alter der Kinder verlieren die körperlichen Aggressionen zugunsten verbaler Auseinandersetzungen immer mehr an Bedeutung. Aggressives Verhalten – egal ob verbal oder körperlich – wird zunehmend eingesetzt, um eigene Ziele durchzusetzen.

Was bedeuten diese Entwicklungsstufen für den täglichen Umgang der Schüler und Schülerinnen miteinander? Gibt es bestimmte Formen aggressiven Verhaltens und der Gewaltausübung, die beim Mobbing bevorzugt eingesetzt werden?

Drei Formen von Aggression

Der Pädagoge Lothar Krappmann hat sich zusammen mit dem Erziehungswissenschaftler Hans Oswald mit den verschiedenen Formen von Gewalt unter Kindern und Jugendlichen auseinandergesetzt. Sie unterscheiden drei verschiedene Formen von Gewalt und Aggression mit unterschiedlichen Funktionen bei Kindern und Jugendlichen, die nicht nur im Schulalltag zu beobachten sind:[4]

» Alltägliche Rangeleien
» Relationale Aggression
» Sadistische Aggression

Alltägliche Rangeleien in der Schule als harmloseste Variante machen demnach mehr als ein Drittel aller Fälle aus. Wie bereits in den vorangegangenen Kapiteln beschrieben, werden diese Konflikte in der Regel schnell wieder beendet. Im Vordergrund steht hier die Suche beider Konfliktparteien nach einem Kompromiss zur Lösung des jeweiligen Streits.

Am häufigsten finden sich verbale Formen von Aggression bzw. die sogenannte **relationale Aggression** (z. B. Lästern, Beleidigen, Ausgrenzen). Bei der relationalen Gewalt wird bewusst die Beziehung und soziale Akzeptanz zur Gruppe und somit die Interaktion mit Gleichaltrigen eingeschränkt. Sie wird in Schülerbefragungen in mehr als der Hälfte aller Fälle angegeben. Diese Form der Aggression bis hin zur direkten Gewaltausübung spielt beim Mobbing eine entscheidende Rolle.

Einen kleineren Anteil macht die **sadistische Aggression** im alltäglichen Kontext aus. Bei dieser Form der Gewaltausübung finden sich häufig Täter mit »Broken-Home«-Erfahrungen. Das heißt, sie stammen aus instabilen Familienverhältnissen und haben meist selbst körperliche und nicht selten auch sexuelle Übergriffe erlebt. Für manche dieser Kinder und Jugendlichen ist Gewalt das einzige Mittel, das sie kennengelernt haben, um ihre Ziele durchzusetzen. Daher sind sie auch schneller zur Gewaltausübung bereit.

Die Hintergründe von Aggressionen sind vielschichtig, weshalb es so wichtig ist, bei Kindern und Jugendlichen, die andere mobben, genau hinzuschauen. So wie bei Florian, der aufgrund zunehmender Konzentrationsstörungen, Antriebslosigkeit und gedrückter Stimmung in meine Sprechstunde kam. Er selbst hatte um einen Termin gebeten. Schnell zeigten die psychiatrische Untersuchung und Diagnostik das Bild eines depressiven Jugendlichen.

»In der Grundschule musste ich nicht allzu viel tun, um gute Noten zu bekommen. Ich habe damals immer nur gehört, was für ein toller Schüler ich bin. Ich sollte aber aufpassen, meine Talente nicht zu vergeuden. Wahrscheinlich hat meine Klassenlehrerin das zu mir und meinen Eltern gesagt, weil ich damals regelmäßig Streit mit meinen Mitschülern hatte. Ich glaube, ich war früher ziemlich unbeherrscht und fühlte mich schnell von den anderen angegriffen und beleidigt.

Mein größtes Hobby ist Fußballspielen. Früher wollte ich immer Fußballprofi werden. Schon in der Grundschule habe ich dreimal pro Woche Training gehabt. An den Wochenenden hatten wir dann regelmäßig Spiele. Meistens hat mich mein Vater zu den Turnieren und Spielen begleitet. Er schien immer sehr stolz auf mich zu sein. Zumindest sagte er mir das. Ständig versuchte er allerdings, mir Tipps zu geben, wie ich technisch und taktisch noch besser werden könnte. Er kritisierte mich auch vor meinen Mitspielern, wenn ich mal nicht so gut gespielt hatte. Einmal wurde mein Vater richtig wütend. Nach einem verlorenen Spiel sagte er vor den anderen, dass ich versagt und das Spiel allein verloren hätte. Mir war das sehr peinlich und ich habe mich geschämt. Ich hatte das Gefühl, dass mich alle anstarren. Das hat mich dann nur noch wütender gemacht.

Unser Trainer hat uns immer gesagt, dass wir nur spielen können, wenn wir uns auch um die Schule kümmern. Ich hatte mir keine weiteren Gedanken darüber gemacht, ich hatte ja gute Noten. Einige meiner Mitspieler hatten da viel größere Probleme und waren dann auch nicht mehr in der Mannschaft. Heute denke ich, dass ich schon damals ziemlich gestresst war, ohne es zu merken.

Für meine Eltern war es selbstverständlich, dass ich nach der Grundschule wie meine beiden älteren Schwestern auf ein Gymnasium gehe. Für mich war nur wichtig, dass ich weiter Fußball spielen konnte. Mit dem Wechsel auf das Gymnasium hatte ich plötzlich immer größere Schwierigkeiten mit dem Lernen. Ich bestand nur mit Mühe das Probejahr. Wir hatten viel mehr Hausaufgaben. Ich wusste aber gar nicht, wie ich das mit dem regelmäßigen Training hinbekommen sollte. Irgendwie hatte ich nie gelernt, wie man lernt.

Meine Eltern sagten mir oft beim Abendessen, dass ich mir ein Beispiel an meinen älteren Schwestern nehmen solle. Ich hatte immer das Gefühl, dass meine Schwestern mich auslachten. Die hatten aber nicht dreimal in der Woche Fußballtraining und am Wochenende noch ein Spiel oder Turnier. Manchmal drohten mir meine Eltern, dass ich nicht mehr so oft trainieren dürfe, wenn meine Noten sich nicht bessern würden. Anfangs habe ich das nicht besonders ernst genommen. Als ich dann aber kurz hintereinander wieder mehrere schlechte Noten in meinen Klassenarbeiten hatte, durfte ich zwei Wochen lang nicht mehr zum Training. Glücklicherweise war die Saison gerade zu Ende. Mein Trainer meinte zu mir, dass ich mich in der Schule mehr anstrengen muss, und erinnerte mich daran, dass ich bei schlechten Schulleistungen nicht mehr so oft in der Mannschaft aufgestellt werde. Aber ich dürfe meine Mannschaft auf keinen Fall im Stich lassen, sagte er zu mir. Offensichtlich hatten meine Eltern mit meinem Trainer gesprochen.

Tatsächlich habe ich dann auch angefangen, mehr zu lernen. Meine älteste Schwester hat mir damals immer geholfen. Mir ging es aber weniger um die Schule als um mein Training und meine Mannschaft. Wenn mir alles zu anstrengend wurde, haben immer meine beiden Schwestern meinen ganzen Frust abbekommen. Oft habe ich einfach grundlos Streit angefangen.

Dann kam meine Verletzung. In einem Trainingsspiel habe ich mir mein linkes Knie verdreht. Der Orthopäde meinte, dass wahrscheinlich mehrere Bänder gerissen waren, vielleicht sei auch der Meniskus kaputt. Zum Glück war alles nicht so schlimm, ich musste nicht operiert werden. Aber ich sollte längere Zeit eine Schiene für mein Knie tragen. Erst nach zwei Monaten konnte ich langsam wieder trainieren. Meine Position wurde mittlerweile von jemand anderem besetzt. Mein Trainer meinte zu mir, dass ich mir keine allzu großen Hoffnungen machen solle, in dieser Saison noch viel zu spielen. Außerdem sei der andere deutlich besser als ich. Ich würde es schwer haben, so sagte er mir, wieder Stammspieler zu werden.

Ich war am Boden zerstört. Da mir das Fußballspielen so wichtig war, versuchte ich, möglichst viel zu trainieren, um wieder Anschluss an meine Mannschaft zu bekommen. Zwar lobte mich mein Trainer für meine Anstrengungen im Training. Aufgestellt wurde ich trotzdem nicht. Ich sah nur die Fehler des anderen Spielers und fühlte mich ungerecht behandelt. Meine Schulleistungen wurden auch nicht besser, eher im Gegenteil, ich hatte überhaupt keine Lust mehr, zu lernen. Das Verhalten meines Trainers empfand ich als äußerst ungerecht, ich war nur noch frustriert und wütend.

In meiner Klasse war ein Mädchen, die eher eine Außenseiterin war. Sie war immer sehr ruhig und schrieb auch nie etwas in unseren Klassenchat. Meine Freunde mochten sie auch nicht besonders und machten manchmal Witze über sie. Daran hatte ich mich aber eigentlich nie beteiligt.

Ich weiß nicht mehr genau warum, aber irgendwann fing ich an, Bemerkungen über sie zu machen, wenn sie in die Klasse kam. Sie schien mich einfach zu ignorieren. Wahrscheinlich habe ich mich darüber geärgert, dass sie nicht reagierte. Das führte jedoch dazu, dass meine Bemerkungen über sie immer lauter wurden. Ich wollte, dass möglichst viele meiner Mitschüler hörten, was ich über sie sagte. Manche fingen an zu lachen, andere ignorierten mich einfach. Meine Freunde schienen das »cool« zu finden und machten auch selbst Witze über unsere Mitschülerin.

Anfangs hatte ich einige Bemerkungen über ihre Kleidung gemacht, ihre Eltern schienen nicht allzu viel Geld zu haben. Dann fing ich an, sie auch persönlich zu beleidigen. ›Da kommt wieder das am schlechtesten gekleidete Mädchen der Schule in ihren Billigklamotten‹ war noch eher harmlos. Einmal versuchte sie, mit mir zu sprechen, und fragte mich, warum ich das machen würde. Ich habe nur gelacht und ihr gesagt, dass sie sich nur im Spiegel anschauen müsse, dann wisse sie, warum. Ich glaube, sie hat damals geweint.

In unserem Klassenchat über WhatsApp schrieb ich dann regelmäßig Bemerkungen über sie. Es kamen auch immer wieder Kommentare von anderen. Ich dachte, dass die genauso denken wie ich, und fühlte mich bestärkt, weiterzumachen. Dass das vielleicht alles ganz anders war, kam mir überhaupt nicht in den Sinn. Mit meinem Handy hatte ich heimlich Fotos von ihr gemacht. Die nutzte ich für Fotomontagen, die ich auf Instagram und in den Klassenchat postete.

Nach einiger Zeit kam das Mädchen nicht mehr zum Unterricht. Unsere Klassenlehrerin kam zusammen mit der Direktorin in unsere Klasse und erklärte, dass das Mädchen nicht wieder zum Unterricht erscheinen würde. Zum Hintergrund werde mit einigen Schülern gesondert gesprochen, auch über Konsequenzen. Ich hatte zwar ein ungutes Gefühl, bezog die Ankündigung meiner Klassenlehrerin aber zunächst nicht auf mich.

Zwei Tage später erhielten meine Eltern einen Brief von der Schule mit einer Einladung zu einer Schulkonferenz und der Ankündigung einer möglichen Schulsuspendierung. Auf der Schulkonferenz wurde mir dann eröffnet, dass ich als treibende Kraft hinter den Ausgrenzungen und dem Mobbing des Mädchens angesehen wurde. Aufgrund der erheblichen Probleme, die das Mädchen durch mein Verhalten und die Anstiftung der anderen bekommen hatte, könne ich nicht mehr auf der Schule bleiben. Ob die Eltern des betreffenden Mädchens rechtliche Schritte einleiten würden, sei der Schule nicht bekannt.

Meine Eltern waren wahnsinnig wütend und wohl auch tief enttäuscht von mir und meinem Verhalten. Mein Fußballtrainer erklärte mir, dass er von den Vorfällen erfahren hatte und ich daher vom weiteren Training auf unbestimmte Zeit ausgeschlossen werde. Wahrscheinlich sei es das Beste, mir einen anderen Verein zu suchen. Ich begriff auf der Schulkonferenz zum ersten Mal, wie sehr meine Mitschülerin unter mir gelitten hatte. Das Schulamt bot mir einen Platz auf einer Sekundarschule an, was sich für mich im Nachhinein positiv entwickelte. Zumindest meine Schulleistungen wurden deutlich besser. Es fällt mir aber bis heute schwer, neue Freunde zu finden.

Von meinen früheren Mitschülern erfuhr ich, dass das Mädchen aufgrund eines Suizidversuchs für mehrere Monate in einer Klinik behandelt wurde. Ich schäme mich bis heute für mein Verhalten. Da meine Telefonnummer blockiert war, konnte ich mich nicht per WhatsApp bei ihr entschuldigen oder sie anrufen. Meine Eltern rieten mir, ihr einen Brief zu schreiben, was ich auch tat. Sie hat ihn bis heute nicht beantwortet.«

Die Schilderungen des 16-jährigen Florian zeigen, wie Frustrationen dazu führen können, eigene negative Erfahrungen und damit verbundene Emotionen in aggressives Handeln gegenüber vermeintlich schwächeren Menschen umzusetzen. Die von Florian erlebte Überlegenheit, indem er seine Mitschülerin immer wieder angriff, diente der Abwehr eigener – vermeintlich oder tatsächlich erlebter – Bloßstellungen. Zu vermuten ist, dass die von Florian gemobbte Mitschülerin zunächst auf eine sachliche und vernünftige Weise versucht hatte, die Angriffe zu beenden, als sie ihn direkt darauf ansprach. Auf die aggressive Antwort von Florian konnte sie jedoch nicht weiter reagieren. Das animierte Florian wiederum dazu, mit dem Mobbing weiterzumachen.

Da sie nach den Schilderungen von Florian eher eine Außenseiterin zu sein schien, fand sie wahrscheinlich keine Unterstützerinnen durch Mitschülerinnen, die ihr hätten helfen können. Für das Mädchen also eine fatale Situation, da sie sich an niemanden wenden konnte. Da sie sich aus Florians Sicht nicht gewehrt hatte, wurde sein eigenes Überlegenheitsgefühl verstärkt. Das wiederum diente ihm als Rechtfertigung für sein Mobbing. Wie lange es gedauert hat, bis die Schule von den Vorgängen erfuhr, war nicht abschließend zu klären. Aber die Verantwortlichen hatten, nachdem das Mobbing aufgedeckt wurde, schnell und konsequent gehandelt.

Scham und Aggression

Zu Beginn einer therapeutischen Behandlung ist der Aufbau eines Vertrauensverhältnisses das wichtigste Ziel. Es dauerte bei Florian eine längere Zeit, bevor er über sein Mobbing auf dem Gymnasium sprechen wollte. Die Erwartungshaltung seiner Eltern bezüglich seiner Schulleistungen und seines Fußballspiels sowie die gefühlte Herabsetzung vor seinen Mitspielern hatten sicherlich einen bedeutsamen Anteil an seiner Frustration. Als dann die Verletzung dazu führte, dass er nicht wieder in die Mannschaft zurückkommen konnte, richtete sich die Wut und die Enttäuschung gegen seine vermeintlich schwächere Mitschülerin.

Florian entwickelte so ein Überlegenheitsgefühl, welches ihm half, die erlebten Frustrationen zu kompensieren. Sein eigenes Handeln wurde von ihm selbst nicht mehr hinterfragt und quasi ausgeblendet. Das glaubwürdig erlebte Schamgefühl über sein Verhalten und die mangelnde Verarbeitung der erlebten Frustrationen führten dann in der Folge zu seiner eigenen psychischen Erkrankung. Wesentliches Ziel der therapeutischen Intervention bei Florian war die Vermittlung von Strategien zur Konfliktbewältigung und die Auseinandersetzung mit den eigenen Gefühlen, auch um erneute aggressive Impulse gegen andere Menschen als Form einer vermeintlichen Konfliktbewältigung in seinem sozialen Umfeld zu vermeiden.

Die von Florian angesprochene Scham spielt eine wichtige Rolle, um sein Verhalten nachvollziehen zu können. Er hatte bei dem Mädchen mit hoher Wahrscheinlichkeit Angst und Resignation durch sein aggressives Verhalten erzeugt, sie konnte sich nicht gegen seine Angriffe wehren. Das durch das Mobbing in ihm erzeugte Gefühl der Überlegenheit diente ihm unbewusst zur Abwehr seiner eigenen Ängste, Enttäuschungen und Schamgefühle. Erst als ihm sein soziales Umfeld – die Lehrer, die Direktorin, die Schulaufsicht und der Fußballtrainer – sein Verhalten spiegelt, wird ihm bewusst, was er getan hat.

Im Rahmen der Behandlung seiner depressiven Erkrankung konnte Florian die zuvor abgewehrten Emotionen nach und nach benennen. Wesentlich ist in einer solchen Behandlung auch die Beteiligung der Eltern. Die Familiendynamik hatte bei Florian entscheidend zu seinem Verhalten beigetragen. Hier war es insbesondere der Vater, der beim Fußball einen Ehrgeiz entwickelte, der seinen Sohn belastete. Das Bloßstellen vor der Mannschaft war für Florian besonders schwierig, da hier seine Stellung und Anerkennung in der Gleichaltrigengruppe infrage gestellt wurde. Dies wurde dann durch den verletzungsbedingten Verlust seines Stammplatzes sowie die sich verschlechternden Schulleistungen zusätzlich verstärkt.

Dass es enge Verbindungen zwischen Angst, Scham und Aggressivität gibt, hat bereits Sigmund Freud beschrieben und so eine wesentliche Grundlage zum Verständnis aggressiven Handelns geschaffen.[5] Die Kinder- und Jugendpsychiater Oliver Bielke-Höntsch und Kathrin Sevecke schreiben in ihrem Buch über Aggressivität, Impulsivität und Delinquenz ebenfalls über den wichtigen Zusammenhang zwischen Scham und Aggression.[6] Die Scham als Emotion entwickelt sich bei Kindern sehr früh, spätestens im Alter von drei Jahren.[7] Sie spielt bei der Entwicklung von Rangstrukturen unter Gleichaltrigen genauso wie Stolz, Ansehen und Kompetenz eine große Rolle.

Geschlechterunterschiede

Bereits im Vorschulalter zeigt sich bei Mädchen im Vergleich zu Jungen eine beschleunigte Empathie- und Schamentwicklung. Das führt bei Mädchen im weiteren Verlauf zu einer viel stärkeren Verhaltenskontrolle als bei Jungen. Mädchen unterdrücken spontane Impulse und Temperamentausbrüche stärker als gleichaltrige Jungen. Das liegt auch daran, dass Mädchen einem viel größeren Anpassungsdruck durch Lehrer, Eltern und sogar ihre Mitschüler unterliegen. Offen ausgetragenes aggressives Verhalten von Mädchen wird gesellschaftlich deutlich weniger akzeptiert und geduldet als bei Jungen. Das fördert insbesondere bei Mädchen in der Folge soziale Ängste, die zu mangelnden Konfliktbewältigungsstrategien führen können.[8]

Das bedeutet nicht, dass Mädchen weniger aggressiv sind. Offen ausgetragene Aggressionen sind bei ihnen nur seltener. Konflikte werden eher verdeckt, zum Beispiel durch Ausgrenzung, ausgelebt.

Jungen sind in jüngerem Alter dagegen eher bereit, Konflikte durch körperliche Aggressionen zu lösen. Mit zunehmendem Alter verlieren allerdings auch bei ihnen offen ausgetragene aggressive Handlungen an Bedeutung. Für sie spielen dann ebenfalls Beleidigungen und Abwertungen, wie sie beim Mobbing häufig anzutreffen sind und bei Florian entscheidend waren, eine zunehmende Rolle.

Reaktive vs. proaktive Aggression

Einen weiteren wichtigen Aspekt zur Einordnung von aggressivem Verhalten bei Kindern und Jugendlichen beschreibt die amerikanische Entwicklungspsychologin Nicki Crick. Sie unterscheidet zwischen reaktiver und proaktiver Aggression.[9]

Reaktive Aggression erfolgt nach Crick aus einer Verteidigungshaltung heraus. Sie kann also zum Schutz der eigenen körperlichen und/oder emotionalen Integrität notwendig sein. Unabhängig davon, ob es sinnvoll ist oder nicht, dürfen wir uns mit körperlicher Aggression wehren, wenn wir körperlich angegriffen werden. Das Gleiche gilt bei verbalen Angriffen. Im Gegensatz zur Definition im Dorsch'en Lexikon findet sich hier nicht der Vorsatz einer bewussten Schädigung.

Häufig findet man diese Form aggressiven Handelns bei Menschen mit einer eingeschränkten Fähigkeit zur sozialen Informationsverarbeitung und verbalen Kommunikationsfähigkeit. Auch Einschränkungen kognitiver Funktionen sowie der Impulskontrolle werden häufiger beschrieben.[10] Das bedeutet nicht, dass ein unmittelbarer »krankhafter« Zusammenhang zwischen Aggression und Einschränkungen der kognitiven oder kommunikativen Fähigkeiten besteht.

Insbesondere bei jüngeren Kindern und Kindern mit schweren

Sprachentwicklungsstörungen begegnet mir diese Problematik aber immer wieder in der Praxis. Hintergrund ist oft die Hilflosigkeit, die dadurch entsteht, dass die Kinder von ihren Mitmenschen nicht verstanden werden, wie zu Beginn des Kapitels beschrieben. Daraus folgt Frustration, die wiederum dazu führt, dass es nicht gelingt, die eigenen Impulse zu kontrollieren. Bei Kindern mit schweren Sprachentwicklungsstörungen und kognitiven Beeinträchtigungen ist es nicht hilfreich, diese Form der Aggressivität komplett zu unterbinden, weil sie der Kommunikation dient. Vielmehr geht es darum, die Hintergründe des aggressiven Handelns zu verstehen. Nur dann kann mit dem aggressiven Kind in der Behandlung eine Verhaltensänderung erreicht werden.

In der Entwicklungspsychologie geht man zudem davon aus, dass reaktiv aggressives Verhalten bei Kindern und Jugendlichen aus einer erhöhten Ängstlichkeit und Unsicherheit sowie einer ihnen gegenüber als »feindselig« erlebten sozialen Umwelt entsteht. Diese Form der Aggression kann ebenfalls durch Frustration und Scham ausgelöst werden, zum Beispiel die Lehrerin, die als ungerecht erlebte schlechte Noten vergibt, oder der Fußballtrainer, der immer die Mitspieler zu bevorzugen scheint. Hier kommt der Emotion »Ärger« und der damit verbundenen Frustration eine entscheidende Rolle zu. Beim Mobbing richtet sich der Ärger aber nicht gegen das auslösende, angstbesetzte und übermächtige Gegenüber. Bezogen auf das Mobbing dient das aggressive Verhalten dem Frustrationsabbau gegen vermeintlich schwächere Ziele. Dann werden zum Beispiel in der Schule vornehmlich Kinder und Jugendliche als Ziel ausgewählt, die vielleicht sozial unsicher oder aus verschiedensten Gründen nicht in die Klassengemeinschaft integriert sind.

Anders verhält es sich mit der zweiten von Nicki Crick beschriebenen Form der Aggression, der **proaktiven Aggression**. Diese Form der Aggression ist dadurch gekennzeichnet, dass sie zielgerichtet ist und bewusst instrumentalisiert wird. Die mobbende Person verhält sich dominant und animiert andere dazu, sich am Mobben zu beteiligen.

Lange Zeit hat man angenommen, dass Mobbing eher von Kindern und Jugendlichen mit geringen sozialen und kognitiven Fertigkeiten initiiert wird. Heute weiß man, dass viele Täter und Täterinnen über gute sozial-kognitive und sozial-emotionale Fähigkeiten verfügen, die sie geschickt einsetzen, um ihr soziales Umfeld, ihre Freunde und ihre Klassenkameradinnen zu manipulieren.[11]

»Mia war schon im Kindergarten eine Anführerin. In den Entwicklungsgesprächen berichteten uns die Erzieherinnen, wie sehr sie in der Kindergruppe bestimmte, was gespielt werden sollte, und wie die anderen Kinder immer ihre Nähe suchten. Sie war ein beliebtes Mädchen und wurde regelmäßig zu Kindergeburtstagen eingeladen. Mein Mann und ich waren immer stolz auf unsere Tochter und hatten das Gefühl, dass ihre Entwicklung sehr gut verlaufe. Natürlich malten wir uns auch aus, wie Mia später durchsetzungsstark durch ihr Leben gehen würde.

Von Anfang an legten wir Wert darauf, unsere Kinder zu selbstbewussten und konfliktfähigen Menschen zu erziehen. Als unserer jüngerer Sohn Leo einmal ein anderes Kind im Kindergarten gebissen hatte, machten wir ihm sehr schnell und unmissverständlich deutlich, dass in unserer Familie ein solches Verhalten keinen Platz hat. Das Gleiche galt natürlich auch für Mia.

Uns war schon aufgefallen, dass Mia ständig bestimmen wollte, wenn wir andere Kinder zu uns nach Hause einluden. Machten die anderen Kindern nicht das, was Mia wollte, schmollte sie so lange, bis die anderen nachgaben. Da die anderen Mädchen sich aber immer wieder mit unserer Tochter verabreden wollten, hatten wir uns nichts weiter dabei gedacht. Durchsetzungsvermögen ist in unserer Gesellschaft wichtig, deshalb sahen wir Mias dominantes Verhalten als eine ihrer Stärken an. Auch die Rückmeldungen anderer Eltern nach Einladungen waren meist positiv. Allerdings kam es vor, dass Mia vorzeitig von Verabredungen nach Hause geholt werden wollte. Dann war sie meistens bei Kindern, die nicht so schnell nachgaben und ebenfalls ihren Willen durchsetzen wollten.

Mein Mann und ich sind beide voll berufstätig, daher wurden unsere Kinder immer von Au-pair-Mädchen betreut. Mit unserem jüngeren Sohn gab es eigentlich nie Schwierigkeiten. Einige der jungen Frauen verzweifelten jedoch am Durchsetzungswillen unserer Tochter. Eines dieser Au-pair-Mädchen beendete dann auch vorzeitig ihren Aufenthalt bei uns. Sie berichtete uns immer wieder, dass Mia ihre Anweisungen nicht befolgen würde und sich auch schon mal vor ihr versteckt hatte. Wir hatten dieses Au-pair-Mädchen eigentlich als sehr resolut erlebt. Sie schien sich von Mias starkem Selbstbewusstsein nicht beeindrucken lassen zu wollen.

An einem Abend nach der Gute-Nacht-Geschichte hatte Mia uns erzählt, dass sie von dieser jungen Frau geschlagen worden sei. Wir stellten sie natürlich sofort zur Rede. Zunächst war sie von diesem Vorwurf sehr schockiert, dann zunehmend wütend und empört. Sie verlangte von uns, Mia sofort zum Gespräch dazu zu holen, was wir mit Verweis auf Mias junges Alter zurückwiesen. Mein Mann und ich konnten uns damals überhaupt nicht vorstellen, warum sich Mia so etwas ausdenken sollte. Einvernehmlich suchten wir dann eine andere Familie für das Au-pair-Mädchen.

Auf die Einschulung hatte sich Mia sehr gefreut. Wir hatten lange überlegt und unsere Tochter dann auf einer Privatschule angemeldet, die in der Nähe unserer Wohnung liegt. Die staatliche Einzugsschule erschien uns zu groß. Außerdem schien sie die Begabungen von Kindern nicht besonders zu fördern. Die ersten beiden Schuljahre verliefen ohne Probleme. Mia hatte viel Spaß am

Lernen, die Rückmeldungen der Klassenlehrerin waren immer positiv. Mia hatte sich gut in die Klasse integriert und schnell Anschluss und Freundinnen gefunden. Regelmäßig wurde sie auch hier zu Geburtstagen eingeladen und verabredete sich am Wochenende und in den Ferien.

Vor allem mit einem Mädchen aus ihrer Klasse war sie eng befreundet. Aber uns fiel auch auf, dass Mia sehr über diese Freundin bestimmte. Mias Freundin war vom Wesen eher ruhig und zurückhaltend. Mein Mann und ich glaubten damals, dass sie die perfekte Ergänzung für unsere Tochter sei, zumal wir uns auch mit den Eltern dieses Mädchens gut verstanden. An den Wochenenden und in den Ferien kam es regelmäßig zu gegenseitigen Übernachtungen.

In der dritten Klasse gab es die erste Klassenfahrt mit einer mehrtägigen Übernachtung. Mia war sehr aufgeregt und freute sich. Sie malte sich schon Wochen vorher aus, wer noch außer ihrer Freundin in ihrem Zimmer übernachten dürfe und wer nicht. Zu ihrer und unserer Überraschung bestimmte der Klassenlehrer, dass Mia nicht mit ihrer Freundin in einem Zimmer schlafen sollte. Zur Begründung hieß es, dass alle Kinder bewusst Kontakte auch mit Kindern haben sollten, mit denen sie nicht so eng befreundet seien. Dieses Vorgehen entspreche dem sozialen Konzept der Schule.

Nach der Rückkehr von der Klassenfahrt holten wir Mia vor der Schule ab. Uns fiel auf, dass sie die Versuche ihrer Freundin, sich von ihr zu verabschieden, bewusst ignorierte. Zu Hause erzählte sie uns, dass die Klassenfahrt ›ganz okay‹ gewesen sei. Allerdings blieb sie in ihren Erzählungen sehr einsilbig. Mit ihrer Freundin verabredete sie sich ab diesem Zeitpunkt nicht mehr. Zu den Hintergründen wollte sie uns nichts sagen.

Einige Wochen später rief mich die Mutter des Mädchens an und bat um ein Gespräch. Ihre Tochter habe von der Klassenfahrt berichtet, dass Mia sehr eifersüchtig darauf reagiert hatte, dass ihre Tochter Kontakte zu anderen Mädchen aufgebaut hatte. Ihre Tochter sei sehr traurig darüber, dass Mia und sie keine Freundinnen mehr seien. Auch würde Mia sie in der Schule seit der Klassenfahrt bewusst ausgrenzen und vor anderen schlecht über sie reden. In den Pausen überrede Mia die anderen Mädchen, nichts mit ihrer Tochter zu tun zu haben. Das ginge mittlerweile so weit, dass keines der Mädchen mehr mit ihr Gruppenarbeiten im Unterricht machen wolle. Ihre Tochter weine oft am Abend und klage mittlerweile regelmäßig über Kopf- und Bauchschmerzen.

Die Mutter des Mädchens bat mich, mit Mia über ihr Verhalten zu sprechen, um so vielleicht zu erfahren, was auf der Klassenfahrt passiert war. Ich nahm sofort meine Tochter in Schutz und äußerte, dass ich mir nicht vorstellen kann, dass Mia so etwas tue. Ich wollte mir damals einfach nicht eingestehen, dass es eine Seite an Mia gab, die nicht meinem Bild einer perfekten Tochter entsprach. Das hätte ja auch bedeutet, dass wir vielleicht in der Erziehung etwas falsch gemacht hatten.

Weitere zwei Wochen später bekam ich einen Anruf von Mias Klassenlehrer. Zwei Mitschülerinnen hätten eine Flüssigkeit in die Schultasche von Mias ehemaliger Freundin gegossen. Eine Lehrerin habe das zufällig gesehen und die beiden zur Rede gestellt. Diese hätten berichtet, dass Mia von ihnen als Mutprobe verlangt hatte, dass sie die Flüssigkeit in die Schultasche des Mädchens kippen sollten. Nur so könnten sie Freundinnen von Mia werden.

Dem Klassenlehrer sei in letzter Zeit häufiger aufgefallen, dass Mia das betreffende Mädchen bewusst ausgrenze und auch die anderen Kinder dazu animiere. Er bat uns, dringend mit unserer Tochter zu sprechen. Zunächst habe er gehofft, dass die Kinder die Konflikte untereinander lösen können. Da er in den letzten Wochen jedoch eine Häufung der Ausgrenzungen bemerkt habe, müsse das Problem jetzt dringend auf einer anderen Ebene gelöst werden.

Auch die Sozialpädagogin der Schule sei informiert. Sie würden aber zunächst einmal unser Gespräch mit Mia abwarten.

Zum ersten Mal sah ich das Verhalten meiner Tochter mit anderen Augen. Auch erinnerte ich mich an die Geschichte mit dem Au-pair-Mädchen. Ich dachte darüber nach, dass Mia damals versucht hatte, eine ihr unangenehme Situation in ihrem Sinne zu verändern und das Au-pair-Mädchen in ein schlechtes Licht zu stellen. Am Abend sprachen mein Mann und ich Mia auf das Telefonat mit dem Klassenlehrer an. Zunächst versuchte sie, die Verantwortung allein auf die beiden anderen Mädchen zu schieben. Erst als sie merkte, dass wir uns nicht von ihrer Geschichte beeindrucken ließen, gab sie zu, die beiden anderen Mädchen angestiftet zu haben. Sie sei wütend auf ihre Freundin gewesen, als diese während der Klassenfahrt viel mehr Zeit mit den Mädchen aus ihrem Zimmer verbracht hatte. Deshalb sei sie nicht mehr ihre Freundin. Sie sei selbst schuld, dass niemand sie mehr möge.

Am selben Abend rief ich die Mutter des Mädchens an und entschuldigte mich für meine abwehrende Haltung. Ich bestand jedoch darauf, dass das andere Mädchen sicherlich auch eine Verantwortung für das schwierige Verhältnis der beiden habe. Ich schlug ein gemeinsames Gespräch mit beiden Mädchen vor, wenn auch ihre Tochter damit einverstanden sei. Dieses Gespräch verlief nicht sehr gut. Mia entschuldigte sich nur auf meinen sehr bestimmten Wunsch hin bei ihrer Freundin. Die frühere enge Freundschaft zwischen beiden ließ sich nicht wiederherstellen. Allerdings unternahm Mia keine weiteren Versuche, das andere Mädchen bewusst auszugrenzen.«

Mias Eltern stellte ihre Tochter bei mir in der Annahme vor, dass die Schwierigkeiten in der Schule sich negativ auf ihre Persönlichkeitsentwicklung auswirken könnten. Sie wollten verhindern, dass ihre Tochter bleibende psychische Probleme davontragen würde.

Die Schilderung der Mobbingsituation durch die Mutter ließ vermuten, dass sie ihre Tochter weiterhin eher in einer Opfer- als in einer Täterinnenrolle sah.

Die Eltern konnten zunächst nicht erkennen, dass die Probleme ihrer Tochter schon viel früher begonnen hatten. Mia hatte von frühester Kindheit an gelernt, ihren Willen durchzusetzen. Den Eltern waren Durchsetzungswille und Ehrgeiz, kombiniert mit sozialer Kompetenz, ihrer Kinder wichtig. Das ist als Erziehungsziel weder ungewöhnlich noch falsch. Traten jedoch Probleme mit Gleichaltrigen oder Erwachsenen auf, schien Mia keine sozialen Kompetenzen entwickelt zu haben, diese auf eine verträgliche Art zu lösen. Wurden ihre eigenen Bedürfnisse und Ziele von anderen behindert, reagierte sie gekränkt. Schon sehr früh versuchte Mia deshalb, ihr unangenehme oder schwierige Situationen durch Manipulation zu lösen.

Diese unbewusste Strategie wurde durch das Verhalten der Eltern verstärkt. Sie hatten sich nicht eingestanden, dass die Entwicklung ihrer Tochter nicht ihrem Erziehungsideal entsprach. Genau die sozialen Kompetenzen, die sich die Eltern für ihre Kinder gewünscht hatten, hatten sich nur sehr bedingt entwickelt. Am Beispiel des Au-pair-Mädchens wird deutlich, dass die Eltern ihren Kindern vorlebten, entstehende Konflikte nicht offen anzusprechen. Mia fühlte sich dadurch in ihrem Verhalten bestärkt, Konflikte durch Manipulation zu lösen. Je stärker der Widerstand gegen ihre Wünsche war, desto manipulativer reagierte sie.

Pädagogische und therapeutische Unterstützung

Ziel meiner Unterstützung der Familie war nicht, einen von der Mutter befürchteten emotionalen Schaden durch die von Mia vermeintlich erlebte Zurückweisung zu behandeln. Vielmehr besprach ich mit den Eltern zu Beginn der Behandlung die Diskrepanz zwischen ihren Erziehungsidealen und ihrem tatsächlichen Erziehungsverhalten. Die Mutter hatte die Vorwürfe gegen ihre Tochter durch den Lehrer selbst als eine Kränkung erlebt und deshalb sofort ablehnend reagiert.

Es dauerte eine Weile, bevor sie – wie Mias Vater – bereit war, sich dieser Kritik zu stellen. Allerdings richteten sich in der Folge ihre Frustration und ihre Wut zunächst gegen ihre Tochter. Das führte dazu, dass Mia sich emotional zunehmend zurückzog und für ihre Mutter nicht mehr erreichbar war. Erst als es der Mutter gelang, sich ihrer Tochter wieder emotional anzunähern, war auch Mia bereit, sich langsam zu öffnen und über ihre eigenen Frustrationen zu sprechen. Den Eltern empfahl ich, Mia neben der notwendigen Erziehungsberatung in einer sozialen Kompetenzgruppe anzumelden.

Soziale Kompetenztrainings

Hierbei handelt es sich um Gruppentrainings zur Stärkung der Sozialkompetenz, die sich an Kinder und Jugendliche richten. Sie dienen zum Beispiel dazu:

» Fähigkeiten zur Problemlösung aufzubauen
» Einen achtsamen Umgang miteinander zu entwickeln
» Die eigene Selbstregulation bei impulsivem Verhalten zu stärken
» Grenzen anderer zu erkennen und zu respektieren
» Versagens- und Leistungsängste abzubauen
» Beziehungsfähigkeiten aufzubauen
» Positives Sozialverhalten im Alltag zu festigen

Für Mia sollte das Ziel des Sozialkompetenztrainings vor allem darin liegen, alters- und situationsgerechte Konfliktlösungsstrategien zu entwickeln. Nach kurzem Verlauf der Behandlung in meiner Praxis entschieden sich die Eltern dazu, Mia in einem Internat beschulen zu lassen. Sie erhofften sich neben der besseren Beschulung, dass die dort herrschenden Regeln ihre Tochter dabei unterstützen würden, ihre soziale Kompetenz zu stärken.

Einige Jahre später stellte sich Mia als Jugendliche erneut in meiner Praxis vor. Sie lebte mittlerweile in einer therapeutischen Wohngemeinschaft und hatte aufgrund erneuten Mobbings noch zweimal die Schule wechseln müssen. Obwohl die anderen Bewohnerinnen sie sympathisch fanden, hatte Mia aufgrund ihres manipulativen Verhaltens weiterhin große Schwierigkeiten.

Florians und Mias Geschichten verdeutlichen, wie unterschiedlich die Motive des Mobbens sein können und welche Formen von Aggression und aggressivem Handeln zum Mobben führen. Beide zeigen, dass hinter dem Mobben ungelöste seelische Konflikte oder Probleme in der Persönlichkeitsentwicklung der Täter und Täterinnen stehen. Bleiben diese innerpsychischen Konflikte ungelöst, führen sie in der Folge zu weiterem aggressiven Verhalten und erhöhen die Wahrscheinlichkeit erneuten Mobbens. In den meisten Fällen liegen also keine psychischen Erkrankungen bei den mobbenden Kindern und Jugendlichen vor, sondern es zeigen sich pädagogische Schwierigkeiten der Eltern im Umgang mit ihren Kindern.

Wenn ich als Vater oder Mutter eines von Mobbing betroffenen Kindes die möglichen Motive zu erkennen versuche, fällt es mir in der Regel leichter, zielgerichtet dagegen vorzugehen. Das heißt nicht, dass Eltern in diesem Fall eine »Hilfsfunktion« als Sozialpädagoge, Therapeutin oder Lehrer innehaben. Es ist nicht ratsam, die Eltern des Täters auf die möglichen Beweggründe anzusprechen. Das führt fast immer zu Abwehrreaktionen – zum Schutz des eigenen Kindes. Das Wissen um die Hintergründe ermöglicht aber, schneller und gezielter Hilfe zu suchen. So können zum Beispiel die Lehrerinnen und Sozialpädagogen in der Schule gezielt mit den Eltern der Täter besprechen, welche pädagogische oder therapeutische Unterstützung – unabhängig von klaren pädagogischen Konsequenzen – notwendig ist.

Bei den Eltern der mobbenden Kinder muss die Bereitschaft entstehen, sich mit dem negativen Verhalten ihres Kindes auseinanderzusetzen. Das ist oft schmerzhaft, da das positive Bild, das grundsätzlich alle Eltern von ihren Kindern haben, nicht mehr mit der Realität übereinstimmt. Die Eltern müssen erkennen, dass sie ihre pädagogische Einstellung und Haltung ändern müssen. Ohne diese Bereitschaft zur Mitarbeit gelingt insbesondere bei jüngeren Kindern keine wirkliche Veränderung der Probleme, die zum Mobbing geführt haben.

Im Gespräch mit den Eltern versuche ich daher zunächst, die Beweggründe ihrer Kinder aus Sicht der Eltern zu besprechen. Sind eine Mitarbeit und die Bereitschaft zur Veränderung vorhanden, versuche ich herauszufinden, ob die Eltern die Motivation ihrer Kinder für ihr Verhalten erkennen können. Für mich ist die Einstellung der Eltern zur Aggression und zu aggressivem Verhalten sehr wichtig. Körperliche Bestrafungen und psychischer Druck als Mittel zur Erziehung sind nicht so selten, wie man gemeinhin annimmt.

In einem nächsten Schritt geht es darum, welche Konsequenzen sich aus den Einstellungen und dem Handeln der Eltern ergeben. Sind die Eltern bereit, ihr eigenes Handeln in der Erziehung zu hinterfragen und ihr Verhalten entsprechend zu verändern? Schaffen sie es wenn nötig, ihre eigenen Einstellungen und Erziehungsmethoden zu verändern? Oft entsteht nur durch die Mitarbeit der Eltern die Motivation bei den Kindern, sich mit ihrem

Verhalten auseinanderzusetzen. Das ist aber ein wesentlicher und wichtiger Schritt, um dauerhaft zu einer Verhaltensänderung zu kommen.

Bei aller Enttäuschung und Wut über das Verhalten des eigenen Kindes, das andere mobbt, sollte eines nicht vergessen werden: Kinder und Jugendliche brauchen die emotionale Unterstützung der Eltern. Dass die Eltern zu ihren Kindern stehen – egal, was vorgefallen ist –, ist ungemein wichtig. Eltern müssen ihren Kindern diese Unterstützung signalisieren. Sonst besteht die Gefahr, dass aus erlebter Zurückweisung Frustration entsteht, die wieder zu aggressivem Handeln führt.

Als Kinder- und Jugendpsychiater kann ich also nur dann zur Beendigung des Mobbings oder Stalkings beitragen, wenn ich das Vertrauen aller – der Kinder und Jugendlichen und deren Eltern – gewinne. Nur dann besteht die Möglichkeit, dauerhaft etwas zu verändern. Dennoch stelle ich von Anfang an klar, dass das Mobbing und Stalking falsch ist und zu massiven psychischen, sozialen und auch physischen Problemen für die Betroffenen führt.

Florian gelang es, sein Verhalten zu ändern. Er hinterfragte es kritisch und konnte dementsprechend Konsequenzen für sich daraus ziehen. Seine Eltern unterstützen ihn. Mias Eltern jedoch konnten die Probleme ihrer Tochter nur schwer akzeptieren, obwohl auch sie sich zunächst bereit erklärt hatten, mitzuarbeiten. Letztlich ging es ihnen aber nicht darum, eine überdauernde Verhaltensänderung bei Mia zu bewirken. Sie konnten nicht erkennen, dass die Probleme ihrer Tochter andere waren als der Versuch, sie zu einem durchsetzungsstarken Mädchen zu erziehen. Bei Mia hatte sich eine Sozialstörung entwickelt, die sich in den folgenden Jahren immer weiter verfestigt hatte. Die Internatsunterbringung hatte die Auseinandersetzung mit den eigentlichen Konflikten von Mia nur in die Zukunft verschoben.

Reflexionsfragen für Eltern mobbender Kinder

- Wie ist meine Einstellung zu Aggression und aggressivem Verhalten?
- Erkenne und verstehe ich die Motivation meines Kindes für sein aggressives Handeln?
- Welche Konsequenzen ziehe ich daraus?
- Habe ich meinem Kind rechtzeitig und klar die Konsequenzen für sein aggressives Handeln verdeutlicht?
- Habe ich mich selbst genügend bemüht, geeignete Maßnahmen zur Beendigung des Mobbings zu ergreifen?
- Sofern meine eigenen erzieherischen Maßnahmen das aggressive Verhalten meines Kindes nicht ändern konnten: Habe ich die Notwendigkeit zusätzlicher externer Hilfe erkannt? Und: Bin ich bereit, diese externe Hilfe zuzulassen?
- Habe ich meinem Kind die Wichtigkeit verdeutlicht, dass es sich bei seinem Opfer entschuldigt?
- Gibt es eine Form der Wiedergutmachung?
- Kann ich die Warnsignale besser deuten, um zukünftiges Mobbing schnell und konsequent zu unterbinden?
- Und zuletzt: Kann ich das Handeln meines Kindes, unabhängig von der Art und der Intensität des vorangegangenen Mobbings, verzeihen und so dazu beitragen, die Wahrscheinlichkeit zukünftigen Mobbings zu verringern?

Bei einer Sozialstörung wird der möglichst frühzeitige Beginn einer Verhaltenstherapie empfohlen. Eine solche Therapie soll der Zunahme aggressiven Verhaltens im Jugendalter entgegenwirken. Die Gefahr einer unbehandelten Sozialstörung liegt darin, dass diese Verhaltensmerkmale so stark ausgeprägt sind, dass sie Teil der Persönlichkeit werden. Mit zunehmendem Alter lassen sich diese Persönlichkeitsmerkmale aber immer schwerer verändern. Bei Jungen tritt diese Form psychischer Auffälligkeiten zwar deutlich häufiger auf als bei Mädchen. Wenn Mädchen aber betroffen sind, zeigen sich die Symptome und Merkmalsausprägungen oft deutlich stärker.

In den Behandlungen der mobbenden und stalkenden Kinder geht es darum, ihnen ihr eigenes Verhalten zu spiegeln und gemeinsam mit ihnen zu erarbeiten, was die innerpsychischen Beweggründe für ihr Verhalten sind. Nicht immer gelingt das. Manchen Kindern und Jugendlichen fällt es – wie uns Erwachsenen auch – sehr schwer, eigene Konflikte zu erkennen. Wie bei allen Problemen kann aber nur dann etwas verändert werden, wenn die innere Bereitschaft zur Lösung des Problems besteht.

Das Mobben oder Stalken als schädigendes Verhalten kann schnell beendet werden, wenn es erkannt wird. Die inneren Beweggründe zu erkennen und die zugrunde liegenden seelischen Konflikte zu bewältigen, dauert erheblich länger. Aber nur so kann das Risiko vermindert werden, dass sich das Mobben und Stalken wiederholt.

Auf einen Blick

» Aggressives Handeln ist entwicklungspsychologisch bis zu einem gewissen Grad Teil einer normalen Persönlichkeitsentwicklung.
» Während im frühen Kindesalter eine Schädigungsabsicht fehlt, wird aggressives Handeln mit zunehmendem Alter zur Durchsetzung eigener Bedürfnisse angewandt.
» Mit zunehmendem Alter verlieren offen ausgetragene Aggressionen an Bedeutung.
» Formen aggressiven Handelns unterscheiden sich zwischen Jungen und Mädchen.
» Viele Kinder und Jugendliche, die mobben, besitzen gute kognitive und soziale Fähigkeiten.
» Mangelnde Strategien zur Lösung innerer Konflikte als Teil fehlender sozialer Kompetenzen der Täter sind oft Ursache von Mobbing.
» Angst, Scham und Aggressivität stehen in einem engen Zusammenhang.
» Mobbing dient in den meisten Fällen dem Frustrationsabbau.
» Strategien zur Beendigung des Mobbings müssen immer die schnelle Klärung der Motivation und mögliche seelische Konflikte der Täter berücksichtigen.

KAPITEL 4

Risikofeld Schule – Mobbing im Klassenzimmer und auf dem Schulhof

In den folgenden drei Kapiteln werden die wichtigsten Risikofelder »Schule«, »Internet« und »Familie« näher beleuchtet. Jeder dieser drei Bereiche hat spezifische Konfliktpotenziale, die zu Mobbing und Stalking führen können – mit erheblichen körperlichen und seelischen Auswirkungen auf die betroffenen Kinder und Jugendlichen. Zunächst befassen wir uns mit dem schulischen Bereich.

Warum die Schule ein Risikofeld ist

Die bereits erwähnte »Zwangsgemeinschaft« Schule führt dazu, dass die Kinder und Jugendlichen sich einer negativen Dynamik innerhalb ihrer Schulgemeinschaft nur schwer entziehen können. Sie können, wenn sie gemobbt werden, nicht einfach ihre Schulpflicht für beendet erklären. Und ihre Lehrer und Mitschülerinnen können sie sich auch nicht aussuchen.

Eltern wiederum sind in der Wahl der Schule für ihr Kind durch staatliche Vorgaben wie dem Einzugsbereich des Wohnorts eingeschränkt. Ein Blick auf die Website der zur Wahl stehenden Schulen kann zwar Hinweise darauf geben, ob es Präventionskonzepte gibt und wie die Schulen mit Konflikten umgehen. Entscheidend ist jedoch, wie konsequent der Umgang damit tatsächlich gelebt wird. Denn es gilt: Je klarer die Haltung der Schule gegen Mobbing, desto besser ist das Schulklima.

Insbesondere in Großstädten sind Schulen ein Schmelztiegel unterschiedlicher kultureller Hintergründe und Einstellungen. Moralische Werte, das Erziehungsverhalten der Eltern, religiöse Zugehörigkeit, sozioökonomische Voraussetzungen unterscheiden sich und bergen ein Risiko für Konflikte. Oft entstehen diese Konflikte nicht zuerst in den Schulen, sondern werden aus den Familien in die Schulen getragen.

In Berlin führte die deutliche Zunahme antisemitischer Diskriminierungen, aber auch Diskriminierungen und Mobbing von Angehörigen religiöser und ethnischer Minderheiten an den Schulen dazu, dass 2016 die erste nicht staatliche Anlaufstelle für Diskriminierungsschutz an Schulen (ADAS)[1] gegründet wurde. Ein Jahr später wurde OFEK[2] ins Leben gerufen, die erste Fachberatungsstelle in Deutschland, die auf antisemitische Diskriminierung, Gewalttaten und Mobbing spezialisiert ist. Obwohl grundlegende Menschenrechte zur Gleichbehandlung aller Menschen in den Verfassungen

Diskriminierung vs. Mobbing

Diskriminierung und Mobbing in Schulen werden oft gleichgesetzt. Im Gegensatz zum Mobbing fehlt bei der Diskriminierung jedoch meist der bewusste Vorsatz, die Betroffenen über einen längeren Zeitraum gezielt und bewusst zu schädigen, wie im ersten Kapitel beschrieben. In der Definition gibt es Unterschiede, die Folgen für die Betroffenen sind jedoch ähnlich.

oder Gesetzgebungen der Länder verankert sind,[3] finden Diskriminierung und Mobbing also weiterhin statt.

Auch wenn die überwiegende Mehrzahl der Schüler und Schülerinnen im Schulalltag respektvoll miteinander umgeht, gibt es immer wieder Konflikte. Sie entstehen spontan, wenn eine der beiden Konfliktparteien ihre Interessen nicht genügend wahrgenommen sieht. Und ihr Verlauf hängt von den damit verbundenen Gefühlen ab. Wie stark fühlen sich die Kinder bzw. Jugendlichen vom Auslöser des Streits betroffen? Fühlen sie sich ungerecht behandelt? Kinder, die eher aufbrausend und impulsiv sind, werden auch in einem Konflikt schneller impulsiv und aufbrausend reagieren. Kinder, die eher zurückhaltend und sensibel sind, werden sich tendenziell auch bei einem Streit wenig aufbrausend zeigen.

Insbesondere in der Grundschulzeit werden Konflikte auch körperlich ausgetragen, was Teil einer normalen Streitkultur ist. Zum Beispiel beim Fußballspielen in der Pause: Es kommt zu einer Rangelei, die plötzlich in einen Streit ausartet. Ein Kind hat das Gefühl, nicht genügend in das Spiel einbezogen zu werden. Oder ein Kind nimmt einem anderen Kind auf dem Schulhof etwas weg oder ärgert es so lange, bis es sich körperlich wehrt. Solche Konflikte werden in der Regel schnell gelöst und sind auch schnell wieder vergessen – sofern den Kindern in der Familie eine gesunde Streitkultur vorgelebt wurde.

Streitkultur in der Familie: Die Rolle der Eltern

Konflikte zwischen Eltern und Kinder gehören zum Familienalltag. Regelmäßig bitten Eltern um einen Termin in meiner Sprechstunde, da ihr – meist noch jüngeres – Kind bei Konflikten sehr heftig reagiert. Das können zum Beispiel Wutausbrüche sein, die über einen längeren Zeitraum anhalten. Manche Kinder schreien massiv. Andere wollen ihre Eltern schlagen oder haben plötzlich ein Messer in der Hand. Wieder andere drohen, aus dem Fenster zu springen. Und es gibt Kinder, die sich im Fall eines Konflikts zurückziehen und wie erstarrt wirken.

Die Eltern wiederum zeigen unterschiedliche Reaktionen auf dieses Verhalten ihrer Kinder und beeinflussen so die Konfliktsituation. Es ist dabei wichtig, dass Eltern eine eindeutige Haltung einnehmen und schon bei kleinen Kindern klare Grenzen setzen. Das heißt nicht Machtausübung um jeden Preis – nach dem Motto »solange du deine Füße unter meinen Tisch stellst…« –, sondern es geht um die Vermittlung von »Spielregeln« im Konflikt. Vermitteln Eltern diese zugewandt und von Anfang an, werden die Kinder ihr eigenes Konfliktverhalten danach ausrichten.

Spielregeln für eine positive Streitkultur

» **Spielregel 1:** Sprechen Sie als Eltern das konkrete Problem an.
» **Spielregel 2:** Hören Sie sich gegenseitig zu und lassen Sie einander ausreden.
» **Spielregel 3:** Nehmen Sie Ihr Kind ernst.
» **Spielregel 4:** Verzichten Sie auf Sarkasmus, ironische Bemerkungen oder Beleidigungen.
» **Spielregel 5:** Suchen Sie gemeinsam nach Kompromissen.

Der Streit mit Kindern ist nicht zu vergleichen mit einem Streit unter Erwachsenen. Kinder müssen ihre eigenen Normen und Wertvorstellungen erst entwickeln. Insbesondere jüngere Kinder bis zum frühen Grundschulalter haben noch kein ausgeprägtes Zeitgefühl, sie leben im Moment. Bei einem Streit mit den Kindern sollten Eltern daher das konkrete Problem ansprechen – und nicht Ereignisse als Argument anführen, die schon längere Zeit zurückliegen.

Für Kinder geht es oft um eine schnelle Bedürfnisbefriedigung. Dennoch sollten immer alle Beteiligten versuchen, einen Kompromiss zu finden. Gegenseitiges Zuhören und Ausredenlassen ist auch in einem Konflikt selbstverständlich. Das zeigt den Kindern, dass sie ernst genommen werden. Sarkasmus, ironische Bemerkungen oder Beleidigungen gehören ebenfalls nicht in einen Streit. Befolgt man diese Regeln, fühlen Kinder sich auch in einem Konflikt ernst genommen und können so leichter einen Kompromiss akzeptieren. Sie erfahren trotz Ärger und Wut durch das zugewandte Verhalten der Eltern die notwendige Wertschätzung. So gelingt es ihnen, eine positive Streitkultur zu entwickeln.

Immer wieder höre ich von älteren Jugendlichen zum Ende einer Behandlung in meiner Praxis: »Eine der wichtigsten Erfahrungen in dieser Zeit war für mich, dass meine Eltern trotz aller Probleme zu mir gestanden haben und ich das Gefühl hatte, dass sie mich lieben.« Fast alle Eltern sind gerührt, wenn sie einen solchen Satz von ihrem Kind hören. Denn ein größeres Lob kann man von seinem Kind nicht bekommen.

Wenn Eltern ihre Kinder in Konflikten regelmäßig beschimpfen, beleidigen oder herabsetzen, führt das auf Dauer dazu, dass die Kinder sich ähnlich verhalten. Die Eltern haben in diesem Fall ihre Rolle als Vorbild aufgegeben und sich auf die Verhaltensebene der Kinder begeben. In den Gesprächen mit den Familien versuche ich, allen Beteiligten diesen Effekt zu verdeutlichen.

Natürlich dürfen Eltern sich eingestehen, dass sie einen Fehler gemacht haben. Das macht ihr eigenes Verhalten für die Kinder glaubhaft und nachvollziehbar. Auch wenn die Eltern selbst in einen Konflikt vor den Kindern geraten, sollten sie die oben genannten Regeln im Streit daher beherzigen. Die Eltern sollten dann den Kindern klar verständlich machen, dass sie nicht für den Konflikt verantwortlich sind.

Ein konfliktvermeidender oder überbehütender Erziehungsstil führt tendenziell dazu, dass ein Kind bei Auseinandersetzungen mit Gleichaltrigen schnell überfordert ist oder versucht, Konflikten aus dem Weg zu gehen. Auch das erlebe ich in der Praxis immer wieder: Kinder, die in einem konfliktvermeidenden oder überbehüteten Umfeld aufgewachsen sind, fühlen sich in Konfliktsituationen unwohl. Um solche Situationen möglichst schnell zu beenden, stimmen sie der Meinung der anderen zu, ohne diese zu teilen. Im therapeutischen Gespräch ärgern sie sich dann meist über ihr eigenes Verhalten.

Die Basis für einen guten Umgang mit Konflikten liegt also in der Familie. Entscheidend ist, dass die Kinder wichtige Fähigkeiten zur Konfliktlösung schon frühzeitig erlernen. Nicht selten brechen sonst über Jahre angestaute und nie gelöste Konflikte erst dann richtig aus, wenn die Kinder bereits erwachsen sind. Eltern sollten dementsprechend zum Konfliktverhalten ihrer Kinder von Anfang an beitragen (mehr dazu in Kap. 9).

Streitkultur in der Schule: Die Rolle der Lehrer

Verfolgt die Schule eine ähnlich wertschätzende Streitkultur wie die Familie, gelingt es den am Konflikt beteiligten Kindern und Jugendlichen in der Regel, die entstandenen negativen Gefühle schnell zu überwinden. Sie schließen einen Kompromiss und sind in der Lage, zu einem freundschaftlichen Verhältnis zurückzukehren.

Immer mehr Schulen verfolgen inzwischen das Konzept der »Neuen Autorität« des Psychologen Haim Omer.[4] Dabei geht es um Beziehungsangebote und Transparenz in den konsequenten Handlungen der Lehrer. Dadurch soll unerwünschtes Verhalten einzelner Schüler beendet werden, ohne diese in ihrer eigenen Persönlichkeit herabzusetzen. Das Konzept lässt sich auf das Familienleben übertragen. Omer weist immer wieder darauf hin, wie wichtig es für Kinder ist, mit ihnen in Beziehung zu bleiben und sie bei Problemen zu unterstützen. Wenn sie Vertrauen spüren, dass bestehende Konflikte und Probleme gemeinsam gelöst werden können, werden die Kinder wieder Selbstvertrauen aufbauen, um aus der Mobbingsituation herauszufinden, und auch zukünftige Probleme selbstständig meistern.

Die konsequente Umsetzung einer guten Streitkultur in der Schule setzt eine entsprechende pädagogische Ausbildung der Lehrpersonen voraus. Auch für ausgebildete Pädagogen sind Konflikte und der mögliche Übergang zum Mobbing zwischen ihren Schülern nicht immer leicht zu durchschauen. Es bedarf pädagogischer Erfahrung, um einen normalen Streit von Diskriminierung und Mobbing abzugrenzen. Aufgrund des derzeit bestehenden Lehrermangels übernehmen häufig Quereinsteiger ohne grundlegende pädagogische Ausbildung den Unterricht. Das erhöht das Risiko, das entstandene Konflikte weiter schwelen und sich massiv verhärten. Infolgedessen kann es zu einem Bruch der Beziehung zwischen den Streitenden kommen und letztlich auch zum Mobbing.

Darüber hinaus können Lehrkräfte – bewusst oder unbewusst – die Mobbingsituation für die betroffenen Schüler verstärken: Immer wieder berichten mir Eltern, dass sie sich von Lehrkräften nicht ausreichend unterstützt fühlen, wenn sie den Verdacht haben, dass ihr Kind gemobbt wird. Die Vorwürfe werden aus Sicht der Eltern heruntergespielt oder ignoriert. Wenn tatsächlich klare Grenzsetzungen und Konsequenzen durch die Pädagogen fehlen, kann das für die Kinder und Jugendlichen, die Mobbing ausgesetzt sind, fatal sein. Denn die Mobber haben aus ihrer Sicht keine Konsequenzen zu fürchten und fühlen sich sicher. Gleiches gilt, wenn Lehrer sich – meist unbewusst – solidarisieren, zum Beispiel wenn sie bei einem »Scherz« auf Kosten des betroffenen Kindes im Unterricht selbst mitlachen. Für das gemobbte Kind entsteht so der Eindruck, dass es auch durch die Lehrkraft keine Unterstützung zu erwarten hat. Seine Hilf- und Ausweglosigkeit wird auf diese Weise weiter verstärkt.

Wenn das Mobbing in der Schule von Lehrern oder Erzieherinnen ausgeht, ist die Situation für betroffene Kinder besonders schwierig. Einerseits besteht ein besonderes Vertrauensverhältnis zwischen ihnen. Andererseits entsteht aufgrund der hierarchischen Strukturen in einer Schule zwangsläufig ein Abhängigkeitsverhältnis und dadurch eine besondere Verantwortung des Lehrpersonals. Die weit überwiegende Mehrzahl der Pädagogen und Pädagoginnen nimmt ihren Erziehungs- und Bildungsauftrag verantwortungsvoll und engagiert wahr. Dennoch berichten Patienten in meiner Sprechstunde über das Gefühl, von einem Lehrer gemobbt zu werden. So wie die 17-jährige Anjeschka, die mit einer Angststörung und einer Depression zu mir in die Sprechstunde kam:

»Ich habe nach der Grundschule bis zur zehnten Klasse eine Sekundarschule besucht. Da ich eine sehr gute Schülerin war und ich mich in der Schule immer engagiert habe, rieten mir meine Lehrer, auf jeden Fall das Abitur zu machen und auf ein Gymnasium zu wechseln. Meine Oberschule hatte leider keine gymnasiale Oberstufe. Mir hatte besonders Mathematik viel Spaß gemacht. Ich hatte so gute Noten, dass ich an einigen Wettbewerben und sogar bei ›Jugend forscht‹ teilgenommen hatte. Daher hatte ich auch vor,

Mathe als Leistungskurs im Abitur zu nehmen. Von Anfang an kritisierte mich mein Lehrer an der neuen Schule. Meine Mathe-Kenntnisse seien viel zu schwach für ein Gymnasium und ob ich als Mädchen denken würde, dass Mathematik für mich nicht wichtig sei. Ich solle mir überlegen, ob ich überhaupt für ein Gymnasium geeignet sei. Zuerst habe ich das alles nicht besonders ernst genommen. Alle anderen Lehrer waren sehr nett zu mir.

Meine Eltern stammen aus Rumänien. Ich glaube, er hatte Probleme mit meinem Migrationshintergrund. Einmal sagte er im Unterricht, dass in Rumänien Mathematik nur gebraucht werde, um das Geld aus der deutschen Sozialhilfe zu zählen. Ich war wütend und beschämt. Meistens ignorierte mich der Lehrer, wenn ich mich meldete. Und wenn ich eine Wortmeldung hatte, kritisierte er sie oder machte sich darüber lustig. Einer meiner Mitschüler versuchte einmal, mich zu unterstützen, und sagte, dass mein Beitrag doch richtig sei. Das schien seine Ablehnung gegen mich aber nur noch mehr zu verstärken.

Als ich mit meinen Eltern darüber gesprochen habe, meinten sie, dass es Kinder ausländischer Eltern eben schwerer als deutsche hätten. Ich müsse mich nur mehr anstrengen. Ich habe mich geschämt, da ich dadurch das Gefühl hatte, dass ich nicht gut genug sei. Und ich fühlte mich durch meine Eltern nicht unterstützt. Aber es nützte alles nichts. Meine Freunde im Kurs meinten, dass ich mich an die Oberstufenkoordinatorin wenden solle. Ich hatte aber Angst, dass mir niemand glaubt und ich auch in den anderen Fächern schlechte Noten bekomme. Mein Selbstwertgefühl und mein Selbstbewusstsein wurden immer schlechter. Zum Schluss hatte ich ständig Kopfschmerzen und immer häufigere Fehlzeiten. Morgens hatte ich Angst, zur Schule zu gehen.

Ich fühlte mich außer von meinen Freunden von niemandem unterstützt. Als ich in einer Klausur wieder eine schlechte Note bekam, haben wir unsere Arbeiten Aufgabe für Aufgabe miteinander verglichen. Ich hatte die gleichen Lösungen wie die anderen, wurde aber deutlich schlechter bewertet. Zwei meiner Mitschüler sind dann zur Oberstufenkoordinatorin gegangen und haben ihr das Problem geschildert. Sie hat sofort eingegriffen. Mittlerweile unterrichtet der Lehrer nicht mehr in der Oberstufe. Ich glaube, dass ich nicht die Erste war, die unter ihm gelitten hat. Ohne die Hilfe meiner Mitschüler hätte ich es nie geschafft. Geblieben sind aber meine Ängste und mein mangelndes Selbstvertrauen.«

Anjeschka war der gezielten und wiederholten Schikane durch den Lehrer ausgesetzt. Für sie – wie bei allen von Mobbing betroffenen Kindern und Jugendlichen – entstand ein Gefühl der Ohnmacht: Es gibt keinen Ausweg mehr. Es ist nicht mehr möglich, sich aus der schwierigen Situation allein zu befreien. Insbesondere dann, wenn Kinder und Jugendliche keinerlei Unterstützung durch ihr Umfeld erfahren.

Gezieltes Mobbing im Verborgenen

Fortgesetztes Mobbing unter Schülerinnen und Schülern kann grundsätzlich nur funktionieren, wenn es anonym bleibt. Es findet in Situationen statt, in denen keine Aufsicht durch Lehrpersonen erfolgt. Die Übergriffe bleiben also unbeobachtet, sie finden im Verborgenen statt. Hinzu kommt: Die gemobbten Kinder schweigen in vielen Fällen über das, was ihnen widerfährt (siehe Kap. 1). So wird zusätzlich die Anonymität der Mobbenden gewahrt.

Doch welche Strategien werden angewandt? Und wie setzen sie den Betroffenen zu? Das zeigt die folgende Übersicht:

Strategie A:
Das Mobbing bezieht sich auf den Unterricht.
Kinder oder Jugendliche werden bei Wortmeldungen ausgelacht oder es folgen böswillige Kommentare. Die Möglichkeit, sich mitzuteilen, wird dadurch massiv eingeschränkt, weil sich die Betroffenen nicht mehr trauen, sich zu melden. Dadurch ist die notwendige Fähigkeit zur schulischen Mitarbeit nicht mehr gegeben. Die Noten werden schlechter. Die Lehrkraft kann die mangelnde Mitarbeit nicht auf die Mobbingsituation zurückführen. Bei Gruppenarbeiten will niemand mit den betroffenen Kindern und Jugendlichen zusammenarbeiten. Im Sportunterricht werden sie grundsätzlich als Letzte gewählt. Auch passiert es immer wieder, dass Arbeitsmaterialien verschwinden oder bewusst zerstört werden.

Strategie B:
Das Mobbing bezieht sich auf die sozialen Beziehungen.
Kinder oder Jugendliche werden in der Klasse schlechtgemacht oder verleumdet, indem zum Beispiel Gerüchte über sie verbreitet werden (relationale Gewalt, siehe Kap. 3). Auf dem Schulhof werden sie geschnitten und sind für sich allein. Dadurch sinkt ihr soziales Ansehen in der Klassengemeinschaft und ihre Außenseiterposition wird immer stärker gefestigt.

Die beiden genannten Strategien sind in der Regel nicht klar voneinander abzugrenzen. In der Regel findet sich eine Mischung beider Strategien.

Gruppendynamik in der Schule

Kinder und Jugendliche, die sozial unsicher sind, sensibel oder auch ängstlich auf ihre Mitschüler reagieren, können einen schwereren Stand in der Klassengemeinschaft haben und dadurch isoliert sein. Das macht sie leichter für andere angreifbar. Reagieren sie auf Angriffe eher mit Weinen oder Rückzug und wehren sich nicht, ermutigt dass die Mobber, mit den Angriffen weiterzumachen. Dennoch gilt: Jede Schülerin und jeder Schüler kann grundsätzlich von Mobbing in der Schule betroffen sein – ganz egal, welche Persönlichkeitseigenschaften er oder sie hat.

In meiner Sprechstunde geht es häufig um Verhaltensprobleme in der Schule wie motorische Unruhe, Konzentrationsstörungen, aber auch aggressives Verhalten. Leichte Reizbarkeit, impulsives Handeln oder die »falsche« Wahrnehmung von sozialen Signalen führen bei einigen Kindern und Jugendlichen zu überschießenden Reaktionen in Konfliktsituationen. Der mobbende Schüler weiß bei diesen Mitschülern genau, welche Provokationen ausreichen, um diese Reaktionen hervorzurufen. Die Betroffenen sind dann in ihrer Aggressivität und Impulsivität hilflos und werden daraufhin von einem Großteil der Klasse abgelehnt. So stellt sich ein zunehmend geringes Selbstwertgefühl bei den betroffenen Kindern und Jugendlichen ein, im Extremfall geben sie sich selbst die Schuld an ihrer Situation.

In jeder Klassengemeinschaft gibt es spezifische Hierarchien und Verhaltensregeln. »Verstößt« ein Kind gegen diese meist unausgesprochenen Strukturen, indem es zum Beispiel mit einem Mitschüler konkurriert, das falsche Hobby hat oder nicht die gerade angesagte Kleidungs- oder Schuhmarke trägt, kann der soziale Druck in der Klasse zu Ausgrenzung und Mobbing führen. Dies wird durch ein ohnehin schlechtes Schul- oder Klassenklima zusätzlich begünstigt. Es geht also immer darum, beim Mobbing vermeintliche Schwächen bewusst auszunutzen.

Obwohl Mobbing in vielen Fällen zunächst von Einzeltätern ausgeht, muss Mobbing in der Schule immer auch als Gruppenphänomen betrachtet werden. Denn die unterschiedlichen Hierarchien und Gruppenzugehörigkeiten sind allen Kindern sehr bewusst. So sind die einen aktiv am Mobbing beteiligt, zum Beispiel weil auf das Umfeld des gemobbten Kindes Druck ausgeübt wird. Andere Kinder wollen nicht selbst in den Fokus des tonangebenden Mobbers geraten und mobben deshalb mit. Oder sie versuchen durch das Mobben, seine Anerkennung zu erhalten, da dieser sich in einer scheinbar machtvollen Position befindet. Andere ziehen sich aus Angst zurück. Wieder andere sind zwar nicht aktiv am Mobbingprozess beteiligt, aber indem sie über die Demütigungen mitlachen, verstärken sie das Verhalten der anderen. Die Beweggründe können also ganz unterschiedlich sein.

Wenn Täter die Anerkennung in der Gruppe erfahren, gibt es keinen Grund für sie, ihr Verhalten zu ändern. Im Gegenteil kann es dazu führen, dass die gemobbten Kinder und Jugendlichen nicht mehr als Teil der Klassengemeinschaft angesehen werden. Im schlimmsten Fall werden sie nur noch als Objekt betrachtet, an dem die Machtfantasien des Mobbenden – und der Mitläufer – ausgelebt werden können. Ein Teufelskreis, der schnellstmöglich unterbrochen werden muss.

Vom Verdacht zum Befund

»Wird mein Kind gemobbt?« – diese Frage steht am Anfang jedes Mobbingverdachts von Eltern. Verhaltensänderungen, plötzliche Wutausbrüche, sozialer Rückzug oder Leistungsverschlechterungen können insbesondere in der Pubertät vorübergehend auftreten, ohne dass eine Belastung ursächlich ist. Dennoch gibt es Verhaltensmerkmale, die zwar nicht spezifisch für Mobbing und Stalking in der Schule sind, aber darauf hindeuten können. Belastungen in anderen sozialen Räumen wie Freundescliquen oder im Sportverein sollten zuvor ausgeschlossen werden. Auch wenn die Verhaltensänderungen länger andauern, sollten Eltern Mobbing in der Schule als Ursache emotionaler Belastungen immer in Betracht ziehen.

Die folgende Checkliste, die auch im Anhang des Buches zu finden ist, dient der ersten Orientierung und beschreibt Auffälligkeiten, die Eltern bei Kindern finden, die gemobbt oder gestalkt werden. Eltern von Jugendlichen steht im Anhang des Buches ebenfalls eine Checkliste zur Verfügung. Es gibt keine festgelegte Anzahl von Merkmalen, ab der Mobbing oder Stalking immer in Erwägung gezogen werden muss oder gar als gesichert gilt. Es sind jedoch klassische Merkmale, die gehäuft vorkommen, wenn Mobbing oder Stalking vorliegen.

Wenn Eltern einige dieser Auffälligkeiten bei ihrem Kind feststellen, sollten sie das Gespräch suchen. Denn ein Gespräch zwischen Eltern und Kind steht immer am Anfang eines Mobbingverdachts. Wenn das Kind von sich aus anspricht, gemobbt zu werden, sollten Eltern ihm unbedingt glauben. Wenn das Kind – wie in den meisten Fällen – nicht ohne Weiteres darüber spricht, gemobbt zu werden, hilft es, sich die Gründe für dieses Verhalten zunächst vor Augen zu führen: Niemand gibt gerne eigene Schwächen zu. Bei Kindern und Jugendlichen ist das Gefühl der eigenen Hilflosigkeit oft schambesetzt. Sie möchten vor ihren Mitschülern nicht ihr Gesicht verlieren, indem sie Erwachsene zur Hilfe holen. Andere Kinder und Jugendliche denken, dass auch Erwachsene ihr Problem nicht lösen können oder sie nicht ernst nehmen, und schweigen deshalb.

Zu Hause

- Ihr Kind wirkt belastet, wenn es aus der Schule kommt.
- Ihr Kind ist morgens vor der Schule nervös und angespannt.
- Ihr Kind zeigt wiederholt emotionale Ausbrüche (Weinen, Aggressionen etc.) nach der Schule.
- Ihr Kind berichtet vermehrt über Kopf- und Bauchschmerzen oder andere Symptome.
- Ihr Kind ist zunehmend ängstlich und weigert sich, zur Schule zu gehen.
- Ihr Kind geht seinen Hobbys nicht mehr nach.
- Ihr Kind wird nicht mehr zu Geburtstagen eingeladen.
- Ihr Kind hat immer neue Begründungen, warum es plötzlich mehr Geld für die Schule benötigt.
- Es fehlt Geld im Portemonnaie.
- Ihr Kind hat Angst vor bestimmten Lehrer:innen.
- Nur in bestimmten Fächern gibt es plötzlich schlechtere Noten.

In der Schule

- Ihr Kind hat zunehmende Konzentrationsstörungen.
- Ihr Kind will in den Pausen im Klassenzimmer bleiben.
- Ihr Kind zeigt einen deutlichen Abfall der schulischen Leistungen.
- Ihr Kind reagiert nur noch sehr zurückhaltend bei Fragen zum Schultag.
- Ihr Kind erfindet Ausreden, wenn Schulmaterial nicht mehr vorhanden ist oder zerstört wurde.
- Ihr Kind geht Aktivitäten mit anderen Kindern aus dem Weg.

Es ist also wichtig, eine ruhige Gesprächsatmosphäre zu schaffen. Das bedeutet: Das Gespräch mit dem Kind sollte allein stattfinden. Störfaktoren wie ein laufender Fernseher, Telefonanrufe, Nachrichten, Musik oder spielende Geschwisterkinder im Zimmer sollten unbedingt vermieden werden. Und es bedeutet: Eltern sollten sich ihrer eigenen Stimmung bewusst sein. Wenn sie sehr aufgeregt oder wütend in das Gespräch gehen, wird das Kind das sehr schnell bemerken und sich zurückziehen.

Viele Eltern machen die Erfahrung, dass es mehrere Anläufe braucht, bis ihre Kinder ein Problem ansprechen. Oft lassen die Kinder das eigentliche Problem nur nebenbei einfließen. Aufmerksames Zuhören ist also genauso wichtig, wie dem Kind den notwendigen Raum zu lassen, sich zu öffnen. Auch in meiner Sprechstunde werden nicht gleich im ersten Termin alle Probleme angesprochen. Dafür bedarf es des Vertrauens der Kinder. Nicht selten hilft es, ein solches Gespräch mit einer Aktivität zu verknüpfen. Gerade Jugendliche sprechen viel offener, wenn ich meine Behandlung mit einem Spaziergang im nahe gelegenen Park der Praxis verknüpfe.

Wenn das Kind erstmals beginnt, über seine Mobbingerfahrungen zu sprechen, ist es ratsam, nicht zu viele Fragen zu stellen. Eltern sollten aber im Nachhinein ein Gedächtnisprotokoll anfertigen beziehungsweise von Anfang an ein Mobbing-Tagebuch führen, in dem sie die folgenden Fragen versuchen zu beantworten:

Die Frage nach dem Warum ist sicherlich die schwierigste Frage und meist nur ansatzweise zu klären. Denn es kann ja grundsätzlich jedes Kind treffen, die Beweggründe liegen, wie wir bereits wissen (siehe Kap. 3), eher bei den Tätern und Täterinnen. Doch das Festhalten all dieser Informationen ist von großer Bedeutung, um sich als Eltern zunächst selbst Klarheit über die Geschehnisse zu verschaffen.

Mobbing-Tagebuch

- **Wer:** Kennt Ihr Kind die mobbenden Kinder und deren Namen? In welche Klasse gehen sie?
- **Wo:** Findet das Mobbing in der Schule oder auf dem Nachhauseweg statt?
- **Wie:** Wird Ihr Kind bedroht, beleidigt, erpresst, erfährt es körperliche Gewalt?
- **Wann:** Findet das Mobbing in den Pausen oder regelmäßig nach dem Unterricht statt?
- **Wie oft:** Passiert das Mobbing täglich oder nur an bestimmten Tagen?
- **Warum:** Gab es einen bestimmten Auslöser, zum Beispiel einen vorangegangenen Streit? Agiert Ihr Kind in der Klassengemeinschaft eher unsicher und zurückhaltend?

Befund »Mobbing«: Was zu tun ist

Wenn Eltern sich sicher sind, dass eine Mobbingsituation besteht, und mithilfe des Mobbing-Tagebuchs die wichtigsten Informationen gesammelt haben, müssen die nächsten Schritte eingeleitet werden. Dabei ist es ungemein wichtig, alle Entscheidungen vorab mit dem Kind abzusprechen. Denn wenn das Kind an der Lösung des Problems direkt beteiligt ist, kommt es wieder in eine handelnde Position. Und die Erfahrung, selbst wieder in einer aktiven Rolle zu sein, stärkt sein Selbstvertrauen und Selbstwertgefühl.

Wenn Eltern den Schilderungen ihres Kindes von Anfang an glauben, ist Vertrauen vorhanden, um gegen das Mobbing gemeinsam vorzugehen. Wenn das Kind aber spürt, dass die Eltern ihm nicht oder nur teilweise glauben, wird es sich wieder zurückziehen. Im weiteren Gesprächsverlauf zwischen Eltern und Kind sollte also auf Ratschläge wie »Überleg doch mal, was du dazu beigetragen hast« verzichtet werden. Denn solche Aussagen erwecken den Eindruck, dass das Kind für das Mobbing mitverantwortlich ist. Sie verstärken die Selbstzweifel und führen dazu, dass das Kind sich schuldig fühlt.

Betroffene von Gewalterfahrungen sind grundsätzlich nicht für ihre Situation verantwortlich. Und sie sollten auch nicht dazu aufgefordert werden, sich zu wehren, selbst zu mobben – oder die Situation einfach auszuhalten. All das sind fatale Ratschläge, die Eltern unbedingt vermeiden sollten. Denn unbegründete Schuldzuweisungen können zu seelischen Traumatisierungen führen. Auch wenn es schwerfällt: In einer akuten Mobbingsituation sollten Eltern stets Ruhe bewahren und die folgenden Ratschläge beherzigen:

DON'TS für Eltern

- Vermeiden Sie voreilige Schlussfolgerungen, wenn Sie mit Ihrem Kind über das Mobbing sprechen.
- Vermeiden Sie Ratschläge wie »Überleg doch mal, was du dazu beigetragen hast«, die zu Selbstzweifeln und Vertrauensverlust bei Ihrem Kind führen.
- Geben Sie Ihrem Kind nie die Schuld an seiner Situation.
- Raten Sie Ihrem Kind nicht dazu, das Mobbing auszusitzen.
- Raten Sie Ihrem Kind nicht dazu, sich zu wehren.
- Schlagen Sie Ihrem Kind nicht voreilig vor, die Schule zu wechseln.
- Sprechen Sie von sich aus nicht mit den Tätern oder den Eltern der Täter – auch wenn Ihnen diese bekannt sind.

Wenn Eltern in meiner Praxis berichten, dass ihr Kind gemobbt wird, ist die Betroffenheit natürlich immer groß. Eltern sind berechtigterweise wütend, auch weil sie ihr Kind möglichst schnell vor weiterem Mobbing schützen wollen. Oft berichten sie, dass sie den Mobber unmittelbar zur Rede stellen wollen oder dass sie das schon getan haben. Das führt jedoch schnell dazu, dass der Eindruck entsteht, das Kind könne sich nicht allein gegen das Mobbing wehren. Außerdem werden unter Umständen Entscheidungen getroffen, die sich hinterher nur schwer wieder rückgängig machen lassen. Im schlimmsten Fall wird das Mobbing nicht nur fortgesetzt, sondern intensiviert.

Auch die Eltern des Täters zur Rede zu stellen, ist nicht ratsam. Denn wohl alle Eltern würden, wenn man ihrem Kind Vorwürfe macht, zunächst abwehrend reagieren, ihr Kind gegen die erhobenen Vorwürfe in Schutz nehmen und nach Hinweisen und Gründen suchen, die ihr Kind entlasten. Außerdem sind die Eltern nicht unmittelbar an der Mobbingsituation beteiligt. Das Mobbing muss dort beendet werden, wo es entstanden ist: in der Schule. Das heißt auch, dass ein Klassen- oder Schulwechsel das Problem nicht löst, sondern im schlimmsten Fall nur verlagert – wie im Fall einer meiner Patienten:

Die Eltern hatten auf das Mobbing ihres Sohnes mit heftigen Vorwürfen gegen die Schule reagiert. Sie fühlten sich von den Lehrern nicht genügend unterstützt, da diese aus Sicht der Eltern viel zu langsam reagiert hatten. Da in Berlin die Sommerferien anstanden, nahmen sie ihren Sohn aus der Schule und meldeten ihn auf einer anderen Grundschule im Bezirk an. Sie dachten, dass damit ihr Kind vor weiterem Mobbing geschützt war, und brachen weitere Gespräche ab.

Die Schule hatte – entgegen der Annahme der Eltern – sehr wohl reagiert. Aber die Lehrer mussten zunächst mit allen Beteiligten sprechen, das brauchte Zeit. Da es sich um fortgesetzte körperliche Übergriffe und Erpressung handelte, wurde die Schulaufsicht eingeschaltet. Und da sich das Mobbing schon mehrfach durch denselben Täter an dieser Schule ereignet hatte, erfolgte eine Suspendierung des Schülers und nach den Ferien die Aufnahme in eine andere Schule.

Leider war es genau die Schule, an der die verärgerten Eltern ihren Sohn vor den Sommerferien angemeldet hatten. Da Sommerferien waren, trafen die notwendigen Informationen nicht rechtzeitig an der neuen Schule ein. So trafen beide Kinder in der Schule wieder aufeinander und das Mobbing ging weiter.

Ein vorzeitiger Schulwechsel sollte also nicht eingeleitet werden, wie der beschriebene Fall zeigt. Aber es gibt Wege, wie Eltern ihr Kind schützen können. Selbst Ruhe zu bewahren und geeignete Schritte überlegt einzuleiten, vermittelt dem Kind, dass zusammen die Mobbingsituation bewältigt werden kann.

Mobbing ist eine Form der Gewaltausübung. Wie bei anderen gewalttätigen Handlungen auch, steht der Opferschutz an erster Stelle. Deshalb muss möglichst schnell das Gespräch mit der Schule gesucht werden. Eltern sollten mit ihrem Kind besprechen, welchem Lehrer es am meisten vertraut, und dann einen Gesprächstermin vereinbaren. Zumindest das erste Gespräch in der Schule sollte immer ohne das betroffene Kind stattfinden. Nur so können Eltern offen über die Problematik sprechen, ohne dass ihr Kind aufgrund der eigenen Sorgen und Ängste emotional zusätzlich belastet wird. Zunächst sollte die Situation des Kindes geschildert und beschrieben werden, wie es ihm seelisch und körperlich geht. Eltern sollten den Zeitpunkt angeben, ab wann sie Veränderungen an ihrem Kind beobachtet haben. Anschließend sollte der konkrete Mobbingverdacht angesprochen werden und auf die Informationen, die Eltern aus den Gesprächen mit ihrem Kind erfahren haben, hingewiesen werden.

Es ist hilfreich, das Mobbing-Tagebuch zu diesem Gespräch mitzunehmen, um konkrete Angaben über das Mobbinggeschehen machen zu können. Meist gelingt es den Verantwortlichen so leichter, konsequent auf das Mobbing zu reagieren und geeignete Schritte einzuleiten, um das Kind zu schützen. Eltern sollten bedenken, dass die Lehrkraft unter Umständen noch gar nichts von den Vorfällen weiß. Sie muss zunächst also ihre Vorgesetzten informieren, damit die Schule weitere Maßnahmen einleiten kann. Es braucht insofern etwas Zeit – auch deshalb, weil der Vorwurf mit allen Beteiligten geklärt werden muss. Druck aufzubauen, ergibt also wenig Sinn. Im Anschluss sollten Eltern ihr Kind unbedingt über das Gespräch und dessen Verlauf in Kenntnis setzen: Was wurde besprochen und welche konkreten Maßnahmen sind geplant oder schon eingeleitet worden?

Leider gibt es nach wie vor Fälle, in denen aufseiten der Schule nicht auf Mobbingvorwürfe reagiert wird oder beschriebene Situationen verharmlost werden. Dann sollten Eltern den schulpsychologischen Dienst oder die Schulaufsicht einschalten, um ihr Kind vor weiterem Mobbing zu schützen. Die schulpsychologischen Dienste bieten Schülern und Eltern, aber auch Lehrkräften qualifizierte Unterstützung und Beratung bei schulbezogenen psychologischen Fragen und Problemen. Die Beratungen sind kostenfrei. Wenn Maßnahmen notwendig sind, kann der jeweilige schulpsychologische Dienst in Absprache mit den Eltern zum Beispiel mit Jugendämtern, freien Trägern oder Gesundheitsdiensten kooperieren. Auch bei der Kontaktaufnahme zu Ärzten und Psychotherapeuten kann der schulpsychologische Dienst unterstützen.

Die Schulaufsicht basiert auf den Vorgaben der Kultusbehörden und verantwortet die Umsetzung pädagogischer, bildungspolitischer, rechtlicher und gesundheitlicher Vorgaben für die Schulen. Die Aufgaben basieren auf den Schulaufsichtsgesetzen der jeweiligen Bundesländer. An die Schulaufsicht sollten sich Eltern wenden, wenn alle vorherigen Maßnahmen erfolglos geblieben sind. Bleibt auch dieser Schritt erfolglos, ist es an der Zeit, juristische Schritte einzuleiten (mehr dazu in Kap. 8).

Die folgende Übersicht zeigt, wie Eltern grundsätzlich vorgehen sollten:

DOs für Eltern

» **Schritt 1:** Sprechen Sie in Ruhe mit Ihrem Kind und führen Sie ein Mobbing-Tagebuch.

» **Schritt 2:** Vereinbaren Sie einen Gesprächstermin mit einer Lehrperson, der Ihr Kind vertraut.

» **Schritt 3:** Besprechen Sie mit der Lehrperson die Situation und das weitere Vorgehen. Sprechen Sie mit Ihrem Kind über dieses Gespräch und alle Schritte, die die Schule einleiten wird.

» **Schritt 4:** Wenn Sie durch die Schule keine Unterstützung erfahren, schalten Sie den schulpsychologischen Dienst oder die Schulaufsicht ein.

Auf einen Blick

- Mobbing hört nie von allein auf.
- Konflikte unter Schülerinnen und Schülern gehören zum normalen Schulalltag.
- Eine einmalige Demütigung oder Attacke reicht nicht aus, um von Mobbing zu sprechen.
- Diskriminierung und Mobbing ziehen ähnliche Folgen nach sich.
- Mobbing in Klassen kann nur funktionieren, wenn das Mobbing anonym bleibt.
- Mobbing in der Schule muss immer auch als Gruppenphänomen betrachtet werden.
- Für die von Mobbing betroffenen Kinder und Jugendlichen entsteht ein Gefühl der Ausweglosigkeit und Ohnmacht.

KAPITEL 5

Risikofeld Internet – Cybermobbing und Cyberstalking

Die Übergänge zwischen Mobbing und Stalking sind oftmals fließend. Gleiches gilt für alle Formen des Mobbings und Stalkings im Internet. Gerade diese Formen sind für die Betroffenen oft nicht sofort zu erkennen. Während die Kinder und Jugendlichen sich noch auf dem Schulhof wehren, finden gleichzeitig Anfeindungen und Verleumdungen im Internet statt. Beim Cyberstalking kann man so von einer weiteren Steigerung der Eskalationsspirale ausgehen, wie die Geschichte von Marla zeigt:

Marla hatte kurz zuvor ihren 15. Geburtstag gefeiert, als sie das erste Mal gemeinsam mit ihrem Vater in meine Sprechstunde kam. Bei der Begrüßung im Wartezimmer schaute sie mich zunächst nur kurz an, mit zögerlichem Lächeln. Marla war eine schlanke Jugendliche, modisch gekleidet in Jogginghose, einem weiten Sweatshirt einer angesagten Modemarke und einer Mütze auf ihren langen dunklen Haaren. Eine sich nach außen »cool« gebende Jugendliche, von der man nicht unbedingt glauben würde, dass sie gemobbt und ausgegrenzt wird.

Marla nahm zunächst wenig direkten Kontakt zu mir auf, aber sie wirkte nicht ablehnend – so wie manche Jugendliche, wenn sie auf Drängen ihrer Eltern zu mir in die Praxis kommen. Ich merkte ihr ihre Unsicherheit jedoch an, da sie sich dicht an ihren Vater hielt. Auf ihrem Anmeldebogen zum Vorstellungsanlass stand »geht nicht mehr zur Schule, Kopf- und Bauchschmerzen, Konzentrationsprobleme und Ängste«.

Als wir alle in meinem Sprechzimmer Platz genommen hatten, fragte ich, was ich für Marla tun könne. Ich erwähnte auch, dass sie jederzeit mit mir allein sprechen könne, wenn sie das wolle. Jugendliche können auch unabhängig von ihren Eltern einen Gesprächstermin vereinbaren. Daher haben sie auch grundsätzlich die Möglichkeit, die Gespräche gänzlich allein mit mir zu führen. Mara sagte jedoch, dass das nicht notwendig sei und lieber ihr Vater zunächst einmal erzählen solle, was das Problem war. Sie werde dann ergänzen.

Maras Vater berichtete mir, dass seine Tochter seit mittlerweile acht Wochen die Schule nicht mehr besuche. Aktuell sei sie vom Hausarzt der Familie aufgrund ihrer Kopf- und Bauchschmerzen krankgeschrieben. Auch habe Mara deutlich an Gewicht verloren, da sie aufgrund ihrer Schmerzen keinen Appetit mehr habe. Der Hausarzt habe sehr zu einer jugendpsychiatrischen Abklärung der Symptomatik gedrängt, da er eine Fortschreibung der Krankmeldung ohne weitergehende Diagnostik nicht mehr verantworten könne. Marla besuchte damals die achte Klasse einer Gemeinschaftsschule mit integrierter Oberstufe.

Marlas Vater erzählte weiter, dass sich seine Tochter in den letzten Monaten zunehmend verändert hatte. Marla habe immer weniger am Familienleben teilgenommen und sich nach der Schule und am Abend in ihr Zimmer zurückgezogen. Mehrmals hätten die Eltern sie auf ihr verändertes Verhalten angesprochen. Marla habe Gespräche jedoch stets abgelehnt. Zunächst hätte der Vater das noch auf die Pubertät zurückgeführt. Die Erfahrungen mit der älteren Tochter hätten gezeigt, dass es manchmal besser sei, nicht alles anzusprechen. Daher hätten sie auch bei ihrer jüngeren Tochter nicht zu sehr »nerven« wollen. Ihnen sei aufgefallen, dass ihre Tochter immer weniger gegessen hatte. Morgens vor der Schule sei es zunehmend schwerer geworden, sie zum Aufstehen zu bewegen. Immer häufiger habe sie über starke Kopfschmerzen geklagt. Zum Schluss habe sie sich dann geweigert, morgens überhaupt noch das Haus zu verlassen.

Vor einigen Wochen hatte Marlas Mutter zufällig Ritzspuren an beiden Unterarmen entdeckt und ihre Tochter daraufhin zur Rede gestellt. Marla hatte zunächst sehr wütend reagiert und sich im Badezimmer eingeschlossen. Die ältere Schwester habe sie dann dazu bewegen können, in das Wohnzimmer zu kommen. Dort habe Marla heftig und anhaltend geweint, sodass die Mutter zunächst nichts anderes getan hatte, als sie im Arm zu halten und zu trösten. Als sie sich wieder beruhigt hatte, erzählte Marla dann der Mutter, warum sie nicht mehr zur Schule gehen wollte.

An diesem Punkt fragte ich Marla, ob sie persönlich diese Gründe schildern könne. Es fiel ihr zunächst schwer, den »richtigen« Anfang zu finden. Aber dann schien sie doch erleichtert, über die Hintergründe zu berichten: »Kurz nach den letzten großen Ferien hatten wir Unterrichtsausfall und etwas früher Schulschluss. Ich hatte gesehen, wie zwei Mädchen aus einer Klasse unter mir mit zwei Jungs aus der Oberstufe zusammenstanden und rauchten. Dann hat einer der Jungs Pillen aus einem kleinen Plastikbeutel genommen, die die beiden Mädchen geschluckt haben. Drogen haben mir schon immer Angst gemacht. Auch wenn ich die vier nicht so gut kenne, habe ich mir einfach Sorgen gemacht, dass den beiden Mädchen etwas passieren könne.

Am nächsten Morgen bin ich zu meinem Klassenlehrer gegangen und habe ihm erzählt, was ich gesehen hatte. Ich habe es nicht getan, weil ich die anderen verpetzen wollte, sondern weil ich nicht sicher war, ob die beiden das freiwillig mitgemacht hatten. Ich hatte das das Gefühl, den beiden jüngeren Mädchen irgendwie helfen zu müssen, obwohl sie nicht meine Freundinnen sind. Mein Klassenlehrer sagte, dass er zeitnah mit den beiden Schülerinnen sprechen wolle und dass ich richtig gehandelt hätte. Ich habe ihn gebeten, auf keinen Fall meinen Namen zu nennen. Er hatte mir versichert, dass das natürlich selbstverständlich sei. Vielleicht müsse ich aber noch einmal mit der Sozialpädagogin der Schule, die für Drogenfragen zuständig sei, sprechen.

Am Montag nach diesem Gespräch mit meinem Klassenlehrer bin ich in der großen Pause zur Toilette gegangen. Ich glaube, sie haben nur auf eine Gelegenheit gewartet. Sie drängten mich in eine Toilettenkabine und beschimpften mich. ›Verräterin‹ und ›Fotze‹ waren noch die freundlichsten Schimpfwörter, über die anderen möchte ich nicht sprechen. Zum Schluss hat eine von beiden ein Foto von mir mit dem Handy gemacht und gesagt: ›Das wird dir noch sehr leidtun!‹

Ich war ziemlich fertig und habe alles meiner besten Freundin erzählt. Diese meinte zu mir, dass alles schon nicht so schlimm werden würde – und warum ich überhaupt etwas von meinen Beobachtungen erzählt hätte. In den nächsten Tagen haben dann nicht nur die beiden Mädchen ›Verräterin‹ gerufen, wenn sie mich gesehen haben, sondern auch andere Schülerinnen haben mit dem Finger auf mich gezeigt und abfällige Bemerkungen gemacht. Zunächst habe ich alles über mich ergehen lassen. Ich hatte gedacht, dass den anderen irgendwann langweilig werden würde.

Dann hat jemand mit schwarzem Erding auf meinem Schulspind groß ›Verräterin‹ geschrieben und darunter einen Aufkleber mit einer Pistole und einem Totenkopf angebracht. Am selben Tag sind die beiden Oberstufenschüler in der Pause auf mich zugegangen. Sie haben sich wortlos vor mich gestellt und mich nur wütend angeschaut, ohne etwas zu sagen. Dann haben sie sich wortlos umgedreht und sind weggegangen. Ich hatte vermutet, dass die Sozialpädagogin mit den beiden zuvor gesprochen hatte. Am nächsten Morgen ist es das erste Mal gewesen, dass ich morgens vor der Schule Panikattacken bekommen habe.«

»Warum hast du dich nicht erneut an deinen Lehrer gewandt?«, fragte ich Marla daraufhin. »Ich habe geglaubt, dass mein Klassenlehrer meinen Namen genannt hatte, deshalb hatte ich kein Vertrauen mehr zu ihm. Ich hatte mich durch das Verhalten der beiden Oberstufenschüler in meiner Vermutung bestätigt gesehen. Erst später hat sich herausgestellt, dass ich offensichtlich während meiner Beobachtung selbst von den anderen gesehen wurde. Die haben sich dann gedacht, dass nur ich das gewesen sein konnte. Sowohl mein Klassenlehrer als auch die Sozialpädagogin haben mir hinterher versichert, dass sie nie meinen Namen erwähnt hatten. Heute glaube ich ihnen das.

Auf meinem Handy habe ich zunehmend WhatsApp-Nachrichten mit Beschimpfungen und teils auch Drohungen erhalten. Immer wieder waren das Telefonnummern, die nicht in meinem Adressbuch auf meinem Handy eingetragen waren. Sie müssen meine Nummer von jemandem aus meiner Klasse bekommen haben. Von einigen Mitschülerinnen aus meiner Klasse bin ich blockiert worden. Irgendwann wurde dann meine Nummer aus dem Klassenchat gelöscht. Wie das funktionieren konnte, weiß ich bis heute nicht. Schließlich schicken ja auch die Lehrer hierüber Nachrichten an uns.

Ich habe immer stärkere Ängste bekommen, regelrecht Panikattacken. Zum Schluss habe ich mich nicht mehr getraut, in die Schule zu gehen. Ich bin eigentlich immer selbstbewusst gewesen. Ich habe nie gedacht, dass mir so etwas passieren kann. Manchmal habe ich morgens im Bett gelegen und das Gefühl gehabt, dass ich mich nicht mehr bewegen kann. Ich fühlte mich wie gelähmt und konnte nicht aufstehen. Ich habe immer weniger Appetit gehabt und kaum noch etwas gegessen. Aufgrund meiner ständigen Kopfschmerzen konnte ich mich kaum noch konzentrieren.

Meine Eltern haben darauf bestanden, dass ich zur Schule gehe. Sie hatten ja keine Ahnung. Ich habe dann angefangen zu schwänzen, ohne dass meine Eltern das bemerkt haben. Da beide arbeiten, habe ich so getan, als wenn ich zur Schule gehe. Später bin ich dann zurück nach Hause gegangen. Meine Lehrer haben zunächst nicht weiter auf mein Fehlen im Unterricht reagiert. Da ich eine gute Schülerin bin, haben sie sich vielleicht nicht so viele Gedanken gemacht.

Auf meinem Instagram-Account und auch über WhatsApp erhielt ich Nachrichten mit dem Foto, das die beiden Mädchen auf der Toilette von mir gemacht haben. Regelmäßig wurde ich auch hier beschimpft. Andere haben das Foto stark verändert oder Fotomontagen daraus gemacht. Dann kam meine beste Freundin zu mir und erzählte, dass in der Schule über mich gesagt würde, dass ich in einem Pornofilm mitspielen würde. Zum Beweis würde ein Foto gezeigt, auf dem mein Gesicht in einer Porno-Szene zu sehen war.

Meine Ängste und auch meine innere Anspannung sind dann so stark geworden, dass ich mich mit einer Nagelschere an den Unterarmen geritzt habe. Als meine Mutter die Verletzungen entdeckt hat, war mir das natürlich sehr peinlich. Ich habe mich im Badezimmer eingeschlossen, weil ich mich so geschämt habe. Meine große Schwester hat mich dann davon überzeugt, dass es besser ist, mit ihr oder den Eltern zu sprechen. Ich bin sehr erleichtert gewesen, als ich meinen Eltern alles erzählen konnte. Ich hätte es schon viel früher machen sollen. Ich schaffe es bis heute nicht, wieder zur Schule zu gehen.«

Der Vater ergänzte, dass die Schule natürlich von den Vorfällen sofort informiert worden sei. Sowohl der Klassenlehrer von Marla als auch die Direktorin und die Sozialpädagogin hätten schnell und konsequent reagiert. Sie als Familie hätten einen Anwalt eingeschaltet und Strafanzeige erstattet. Die vier betroffenen Schüler seien direkt angesprochen worden. Mit der Klasse von Marla wurde ebenfalls ein längeres Gespräch geführt. Da aber noch keine Lösung gefunden wurde, habe es auch die Schule besser gefunden, wenn Marla zunächst noch zu Hause bleibe. Je länger dieser Zustand aber jetzt schon andauere, desto größer sei die Sorge, ob ihre Tochter überhaupt noch in diese

Schule zurückkönne. Auf jeden Fall erhoffe sich die Familie zunächst einmal therapeutische Hilfe, damit Marla ihre Ängste und – so vermutete der Hausarzt – auch ihre Depressionen überwinden könne.

An der Geschichte von Marla zeigt sich, wie schnell sich Gerüchte über das Internet verbreiten können und wie machtlos die Betroffenen dieser Form des Mobbings gegenüberstehen. Oft erfahren sie über die Herabwürdigungen nur indirekt und zu einem Zeitpunkt, an dem die Inhalte im Internet schon längst größere Gruppen erreicht haben. Auch beim Cybermobbing sind die Täter und Täterinnen in den meisten Fällen keine Unbekannten, sondern eher im sozialen Umfeld der Betroffenen zu finden.

Marla hat es nicht geschafft, an ihre alte Schule zurückzukehren. Zwar hatten die Pädagogen in der Schule alles getan, um ihr eine Rückkehr zu ermöglichen. Ihre Angst vor erneuten Anfeindungen ist aber zu stark gewesen. Mithilfe ihrer Psychotherapeutin konnte sie ihre Ängste überwinden und auch wieder regelmäßig eine Schule besuchen. Von den meisten Plattformen hat sie sich abgemeldet und sie kommuniziert per Smartphone nur noch, wenn es unbedingt nötig ist. Dieser Verzicht stellt eine das Mobbing überdauernde Einschränkung ihrer Möglichkeiten dar: Noch immer kann Marla nicht ohne Angst kommunizieren.

Warum das Internet ein Risikofeld ist

Smartphones haben das Kommunikationsverhalten unserer Kinder grundlegend verändert. Kontakte werden über Textnachrichten gehalten, WhatsApp ist unter Jugendlichen die wichtigste Kommunikationsplattform.[1] Die ständige Erreichbarkeit ist für die meisten Jugendlichen unbedingt notwendig.

Smartphone: Fakten

In mittlerweile 99 Prozent aller Haushalte in Deutschland ist mindestens ein Smartphone vorhanden. 2022 besaßen rund 70 Prozent aller 10- bis 12-jährigen Kinder und 95 Prozent aller 14- bis 18-jährigen Jugendlichen ein eigenes Smartphone. Insbesondere die Internetnutzung und der Besitz eines Smartphones steigt bei den 6- bis 10-jährigen Kindern im Vergleich zu den anderen Altersgruppen überproportional stark an. Die Internetnutzung der 14- bis 29-Jährigen – inklusive aller Aktivitäten in Zusammenhang mit der Schule oder dem Studium – liegt bei 6 bis 7 Stunden pro Tag.[2]

Bis vor wenigen Jahren war die Nutzung von Handys durch Kinder und Jugendliche eher eine Frage des Alters: Ab wann darf mein Kind erstmals ein eigenes Handy besitzen? Für die meisten Eltern war klar, dass ein eigenes Smartphone erst im Jugendalter infrage kommt. Ziemlich schnell hat sich dieses Bild gewandelt, Smartphones sind heutzutage bereits ab der Grundschule unverzichtbares Statussymbol für Schüler und Schülerinnen geworden.

Durch die zunehmende Bedeutung digitaler Medien im Alltag steigt auch die Zahl sogenannter medienassoziierter Straftaten an, die von Kindern und Jugendlichen begangen werden – und damit die Zahl der Opfer.[3] Soziale Netzwerke wie Facebook, Instagram, TikTok und Snapchat bieten sich an, um, wie viele Täter nach wie vor denken, vermeintlich anonyme Straftaten wie Beleidigungen, Hass-Postings oder sexuelle Belästigungen zu begehen. In Onlinespielen werden Beschimpfungen, Anfeindungen und verbale Diskriminierungen unter Jugendlichen als Teil einer normalen Spielstrategie angesehen. Die dort benutzte Sprache überträgt sich in immer mehr Bereiche des täglichen Lebens, wie viele Eltern mir in der Sprechstunde berichten.

Von »Happy Slapping« bis »Deepfake«

Cybermobbing kann sehr unterschiedlich ablaufen: Kommentare und Postings im Internet mit unerwünschten Inhalten, Diffamierungen in sozialen Netzwerken, wie zum Beispiel das Verbreiten von Gerüchten (relationale Gewalt), bis hin zum Versenden von Bildern mit sexualisierten oder gewalttätigen Inhalten. Die folgende Auflistung zeigt, mit welchen Formen von Cybermobbing wir uns im Folgenden befassen:

» *Happy Slapping*
» *Snuff-Videos*
» *Sexting*
» *Cybergrooming*
» *Deepfake* oder *Revenge Porn*

Happy Slapping bezeichnet das geplante oder spontane Filmen von Gewalttaten oder bewussten Erniedrigungen. Dabei werden Jugendliche gegenüber Einzelpersonen oder auch Gruppen von Menschen grundlos gewalttätig. Entweder geschieht das durch Erniedrigungen, wenn das Opfer zum Beispiel gezwungen wird, Zigaretten zu »essen«. Oder es geschieht durch gewalttätige Taten. Die Übergriffe werden mit der Absicht gefilmt, sie anschließend digital zu verbreiten und das Opfer so zu erniedrigen.

Bei einem **Snuff-Video** handelt es sich um einen kurzen Video-Clip, in dem brutale Körperverletzung, schwere Vergewaltigung oder grausame Tötungen zu sehen sind. Das Weitersenden solcher

Videos wird von Jugendlichen oft als »Mutprobe« verstanden. Es kann aber auch gezielt im Rahmen von Mobbing eingesetzt werden, um dem Opfer Angst einzuflößen. Das Versenden eines solchen Videos ist strafbar.

Andere und nicht weniger schwerwiegende Probleme sind zunehmende Formen sexualisierter Gewalt im Internet. Im Rahmen einer repräsentativen Online-Studie in Deutschland wurden 1 048 Jugendliche im Alter zwischen 14 und 20 Jahren befragt. 46 Prozent aller befragten Jugendlichen gaben an, schon einmal mit pornografischen Inhalten in Kontakt gewesen zu sein. Der erste Kontakt mit harter Pornografie fand bei der Mehrheit der Befragten zu Hause am Computer oder am Smartphone statt. Mehr männliche als weibliche Jugendliche berichteten, dass ihr Erstkontakt mit Pornografie gewollt war.[4] Die Ergebnisse stimmen mit einer Befragung aus der Schweiz überein, in der ca. 30 Prozent aller Mädchen und ca. 60 Prozent aller Jungen angaben, Pornos anzuschauen.[5]

In meiner täglichen Arbeit in der Praxis zeigt sich, dass das Anschauen von Pornos auch auf den Schulhöfen der Grundschulen mittlerweile keine Seltenheit mehr ist. Je jünger die Kinder sind, desto verstörender wirken die Videos auf sie. Das liegt an ihrem Entwicklungsstand. Jüngere Kinder haben noch gar keine Erfahrungen im Umgang mit Sexualität. Sie können also auch nicht einordnen, welche gezeigten Formen im Internet ein normales Verhalten darstellen und welche nicht. Unabhängig davon können jegliche Inhalte auf sie verstörend wirken.

Unter Jugendlichen weit verbreitet ist das **Sexting**. Beim Sexting erfolgt der Austausch selbst produzierter intimer Fotos von sich oder anderen über Messengerdienste. Das Versenden von eigenem erotischem Bild- oder Filmmaterial an einen bestimmten Adressatenkreis geschieht oftmals im Einvernehmen zwischen Absender und Adressat.

Cybersex ist eine andere digitale Kommunikationsform mit sexueller Absicht und beschreibt den Austausch erotischer Gedanken, sexueller Wünsche und Handlungen oder das Übertragen erotischer Bilder oder aufgenommener Unterhaltungen sexuellen Inhalts. Beide Formen – Sexting und Cybersex – können durchaus Teil einer normalen Sexualentwicklung sein und sind auch nicht strafbar. Immer wieder kommt es jedoch vor, dass zum Beispiel nach beendeten Beziehungen diese Fotos online gestellt werden, um sich für die Trennung zu »rächen«.

Eine neue und sehr entwürdigende Form des Mobbings und Stalkings im Internet hat in letzter Zeit zunehmende Aufmerksamkeit in den Medien erreicht: der sogenannte **Deepfake** oder **Revenge Porn**. Darunter versteht man Fotos und Videos, die Betroffene nackt oder bei sexuellen Handlungen zeigen und meist nach einer Trennung von der Partnerin oder dem Partner im Internet veröffentlicht werden. Für einen »Revenge Porn« wird ein Foto mit dem Gesicht der Betroffenen und mithilfe einer im Internet frei verfügbaren App in einen pornografischen Film eingebaut. Die Verwendung solcher intimer Nacktbilder – vor allem von Frauen – und das anonyme Hochladen in das Internet ist die häufigste böswillige Verwendung von »Deepfakes«.

Unabhängig davon, wie schlecht die Qualität der so erstellten Fakes auch sein mag: Diese Fake-Videos und Fake-Bilder können sich – wie bei anderen Formen des Cybermobbings – noch jahrelang auf das Leben der Betroffenen auswirken und so zum Beispiel die Beziehungen in der Gleichaltrigengruppe, die spätere Jobsuche oder neue Liebesbeziehungen erheblich beeinträchtigen.

Auch wenn es nicht unmittelbar eine Form des Cybermobbings ist, sollte das **Cybergrooming** an dieser Stelle nicht unerwähnt bleiben. Der Begriff »Cybergrooming« bezeichnet das gezielte Ansprechen von Personen im Internet, bei dem eine Anbahnung sexueller Kontakte – meist durch Erwachsene – das Ziel ist. Häufig wird den betroffenen Kindern und Jugendlichen zunächst geschmeichelt. Sie bekommen Geschenke und Zuneigung, bevor das damit aufgebaute Vertrauen ausgenutzt wird, um beispielsweise kinderpornografische Aufnahmen anzufertigen oder sexuellen Missbrauch zu begehen.

Eine damals 14-jährige Patientin hatte über mehrere Monate einen solchen Internetkontakt. Zunächst ging es um »harmlose« Nachrichten. Der anonyme Kontakt mit einem Fake-Namen gab sich als Jugendlicher aus. Zunehmend bekam die 14-Jährige Aufforderungen, Selfies in Unterwäsche und im späteren Verlauf auch Nacktbilder hochzuladen. Als der vermeintliche Jugendliche dann ein Treffen vorschlug, wollte sie den Kontakt beenden. Daraufhin begannen die Drohungen: Der Kontakt wisse, wo sie wohne und auf welche Schule sie gehe. Er werde alle Fotos von ihr öffentlich machen. Als meine Patientin die Wohnung nicht mehr verlassen wollte, wurden die Eltern misstrauisch. Sie schalteten sofort die Polizei ein. Der Täter konnte nie ermittelt werden. Die Drohungen hörten zwar auf, die Jugendliche fühlte sich außerhalb der Wohnung aber immer unsicher und beobachtet. Erst als die Familie aus beruflichen Gründen in eine andere Stadt zog, ließen ihre Ängste langsam nach.

Eine repräsentative Befragung in der Schweiz ergab, dass 30 Prozent der befragten Jugendlichen irgendeine Form sexueller Belästigung ohne Körperkontakt erlebt hatten, wobei verbale und schriftliche Belästigung, Cyber-Viktimisierung (Belästigung über elektronische Medien), das Weitergeben intimer Bilder und Exhibitionismus eingeschlossen waren. 12 Prozent der Befragten gaben an, in ihrer bisherigen Kindheit und Jugend sexuelle Gewalterfahrungen mit Körperkontakt gemacht zu haben (Mädchen: 22 Prozent, Jungen: 8 Prozent).[6] In der Studie wurde nicht nur nach Opfererfahrungen, sondern auch nach den Tätern gefragt. Dabei zeigte sich, dass der Großteil der Täter und Täterinnen selbst noch minderjährig war.

Eltern muss bewusst sein, dass sie zwar versuchen können und sollten, die Internetaktivitäten ihrer Kinder zu regulieren und in bestimmten Bereichen zu kontrollieren. Sie sollten sich aber auch eingestehen, dass ihnen ihre Kinder in den digitalen Kompetenzen weit voraus sind. Viele der Aktivitäten ihrer Kinder im Internet können Eltern gar nicht richtig nachvollziehen. Dennoch liegt es in der Verantwortung der Eltern, ihren Kindern die Dimensionen ihres Handelns vor Augen zu führen. Denn Kinder und Jugendliche erfassen oft nicht, welche gravierenden Folgen Mobbing für die Opfer haben kann und bei welchen Handlungen es sich um Straftaten handelt.

Befund »Cybermobbing«: Was zu tun ist

Wie beim Mobbing in der Schule, sollten Eltern bei einem Verdacht auf Cybermobbing frühzeitig auf verändertes Verhalten reagieren (s. Anhang: Checkliste für Eltern) und das Gespräch mit ihrem Kind suchen. Das kann zum Beispiel eine plötzliche Abneigung sein, das vorher heiß geliebte Smartphone plötzlich nicht mehr benutzen zu wollen. Die Situation sollte gemeinsam – ohne Schuldzuweisungen – reflektiert werden. Transparentes Handeln ist auch beim Cybermobbing notwendig. Alle Beteiligten müssen über die geplanten Schritte informiert sein.

Findet das Mobbing nur im virtuellen Raum statt, ergibt es keinen Sinn, die Schule in die Lösung miteinzubeziehen. Sie kann die

Situation in diesem Fall nicht lösen. Auf jeden Fall sollte die Schule jedoch über die Hintergründe der seelischen Belastung und des Leistungsabfalls informiert werden. Gleiches gilt, wenn die Täter aus dem schulischen Umfeld stammen. So kann die Schule auf jeden Fall dabei helfen, das Kind zu entlasten.

Auch wenn Mobbing auf dem Schulhof und Cybermobbing oftmals gleichzeitig auftreten, werden die Reaktionen der Opfer auf das Mobben im Internet gar nicht unmittelbar erlebt. Der digitale Post ist schnell gesendet oder das Foto mit beleidigendem Inhalt schnell hochgeladen. Das Opfer aber steht dem Täter oder der Täterin nicht direkt gegenüber und ist den Kommentaren und Anfeindungen Dritter so schutzlos ausgeliefert. Und die gesendeten Inhalte bleiben für lange Zeit – oder für immer – im Internet abrufbar.

Doch trotzdem gibt es Möglichkeiten, sich gegen Cybermobbing zu wehren. Egal ob auf dem Schulhof oder durch digitale Medien: Mobbing durch Kinder und Jugendliche findet fast immer im weiteren Bekanntenkreis statt. Denn Täter zielen mit ihren Handlungen darauf ab, Aufmerksamkeit und Anerkennung in der Gleichaltrigengruppe zu bekommen. Und da die meisten Handlungen im Internet eine »digitale Spur« hinterlassen, können die Urheber somit auch ermittelt werden.

Die Löschung der Inhalte durch den jeweiligen Provider oder durch die genutzten Plattformen ist nach wie vor mit erheblichen Schwierigkeiten verbunden. Dennoch sollten Eltern die Verursacher auf die Verletzung eigener Rechte hinweisen und diese unter Nennung einer Frist dazu auffordern, die betreffenden Inhalte zu löschen bzw. das Verhalten einzustellen. Eine Ausnahme bilden Straftaten, bei denen eine Beweissicherung Priorität hat, zum Beispiel bei »Cybergrooming«.

DOs für Eltern

- » Sprechen Sie Ihr Kind auf mögliche Verhaltensänderungen an, zum Beispiel bei plötzlicher Ablehnung von Internet oder Handy.
- » Handeln Sie transparent, um Vertrauen zu schaffen und gemeinsam Lösungen zu finden.
- » Sprechen Sie keine Schuldzuschreibungen aus, sondern reflektieren Sie gemeinsam und sachlich, wie es zu der Situation gekommen ist.
- » Führen Sie ein Mobbing-Tagebuch: *Wer? Wann? Wo? Wie oft? Wie? Warum?*
- » Machen Sie die Schule auf das Problem aufmerksam, wenn die Täter aus dem Umfeld stammen.
- » Bitten Sie die Betreiber der Plattform, die betreffenden Inhalte zu löschen.
- » Holen Sie juristische Beratung ein und erstatten Sie ggf. Strafanzeige.

Strafbare Inhalte sind im Jugendschutzgesetz (JuSchG), insbesondere im § 15 (2) und § 18 (1)[7] sowie im Strafgesetzbuch (StGB) aufgeführt. Dazu gehören beispielsweise »einfache« pornografische und tier- oder gewaltpornografische Medien, kinder- und jugendpornografische Schriften sowie die Darstellung »grausamer oder sonst unmenschlicher Gewalttätigkeiten«. Wer beispielsweise ein selbst gedrehtes Happy-Slapping-Video unter Minderjährigen verbreitet, macht sich damit nicht nur aufgrund der Gewalttat an sich strafbar, sondern auch aufgrund dessen, dass das Video Kindern und Jugendlichen zugänglich gemacht wird – und damit negativen Einfluss auf deren Entwicklung nimmt. Ausführliche Informationen zur Strafbarkeit von Cybermobbing sind im Kapitel »Mobbing und Recht« (Kap. 8) zu finden.

Im Rahmen der Ermittlung einer Straftat können die genutzten digitalen Geräte als Beweismaterial herangezogen werden. Die gefundenen Postings, Textnachrichten sowie die veröffentlichten Fotos und Videos müssen frühzeitig dokumentiert und mittels Screenshots archiviert werden. Wie bei allen anderen Formen des Mobbings auch, sollte also unbedingt ein Mobbing-Tagebuch (siehe Kap. 4) geführt werden. Diese Aktivitäten dienen nicht nur der reinen Beweissicherung. Sie helfen den betroffenen Kindern und Jugendlichen, wieder aktiv zu werden und sich wehren zu können.

Auf einen Blick

- » Smartphones haben das Kommunikationsverhalten unserer Kinder grundlegend verändert.
- » Cybermobbing und Mobbing auf dem Schulhof treten meist gemeinsam auf.
- » Die Täter stammen meist aus dem direkten Umfeld.
- » Cybermobbing wird vom Opfer nicht sofort erlebt.
- » Cybermobbing erreicht schnell große Gruppen.
- » Kinder sind ihren Eltern in den medialen Kompetenzen oft weit voraus, erfassen aber oft nicht die Konsequenz ihres Handelns im Internet.
- » Die genutzten Inhalte bleiben noch lange im Internet abrufbar, auch wenn das Mobbing längst beendet ist.
- » Ein Großteil der Täter ist selbst noch minderjährig.
- » Die strafbaren Inhalte sind im Jugendschutzgesetz verankert.

KAPITEL 6

Risikofeld Familie – Mobbing unter Geschwistern

Die Familie ist von zentraler Bedeutung für die emotionale, soziale und kognitive Entwicklung von Kindern. Sie kann – diese Erfahrung haben wir wohl alle schon gemacht – als wichtigste Stütze empfunden werden, aber auch als große Last. Das Elternhaus ist der Ort, an dem ein Kind erstmals Liebe und Geborgenheit erfährt, aber mitunter auch Verletzungen erleidet, die es ein Leben lang nicht vergisst.

Warum die Familie ein Risikofeld ist

Regelmäßig konnte man gerade um die Jahrtausendwende in den Medien über fehlgeleiteten Kinderschutz lesen. Stellvertretend seien an dieser Stelle die Kinder Jessica (2005, Hamburg) und Kevin (2006, Bremen) genannt. Beide Kinder waren durch die Eltern schwer vernachlässigt und misshandelt worden und infolgedessen gestorben. Die Eltern der siebenjährigen Jessica wurden zu einer lebenslangen Freiheitsstrafe verurteilt, der Ziehvater des zweijährigen Kevin zu zehn Jahren Gefängnis. Weil beide Familien den zuständigen Jugendämtern bekannt waren, wurden die Behörden wegen ihrer Untätigkeit massiv kritisiert. Im Fall von Kevin hatte der zuständige Jugendamtsmitarbeiter eine Überlastungsanzeige an seine Vorgesetzten gestellt. Er war für über 250 Kinder in belasteten Familien zuständig. Dieser Anzeige war jedoch nicht nachgegangen worden. Zwar führte die Einführung der gewaltfreien Erziehung in das Bürgerliche Gesetzbuch[1] im Jahr 2001 zu einer verbesserten öffentlichen Wahrnehmung und juristischen Sicherstellung des notwendigen Schutzes von Kindern und Jugendlichen vor Vernachlässigung, Misshandlung und sexuellem Missbrauch. Unterhalb dieser strafrechtlich relevanten Schwelle kommt es in Familien, genauso wie in der Schule, im Sportverein oder in Gleichaltrigengruppen, zu mitunter starken Ausgrenzungen und Anfeindungen. Der entscheidende Unterschied ist, dass die eigenen Familienmitglieder – im Gegensatz zu den Mitschülern oder dem Fußballtrainer – diejenigen sind, denen Kinder am meisten vertrauen, zu denen die engste Beziehung besteht.

Familie im Wandel

Familienbilder und die damit in Verbindung stehenden Rollenverständnisse sowie die Akzeptanz unterschiedlicher Lebensformen haben sich in den vergangenen Jahrzehnten grundlegend gewandelt. Neben der traditionellen Vater-Mutter-Kind-Familie sind gleichgeschlechtliche Eltern, Patchwork-Familien und alleinerziehende Mütter und – seltener – Väter mittlerweile selbstverständlich. Wissenswert ist außerdem, dass Familien insgesamt kleiner geworden sind. Mittlerweile wachsen mehr als die Hälfte aller Kinder mit nur einem biologischen Elternteil auf. Auch finden sich immer mehr Familien, in denen nur ein Kind regelmäßig lebt.[2]

Keines dieser Familienmodelle birgt per se das Risiko für eine auffällige Entwicklung der Kinder oder dafür, dass sie in der Familie von Mobbing betroffen sein könnten. Nicht die Art der Familie ist der entscheidende Faktor, sondern die Stabilität innerhalb dieser. Die sich verändernden Familienmodelle sowie die Möglichkeit, dass die Kinder im Laufe ihrer Entwicklung in unterschiedlichen Familienmodellen aufwachsen, erhöhen jedoch den Anpassungsdruck und den dadurch bedingten Stress.

Egal ob Wochenendbesuche mit oder ohne Übernachtungen, Wechsel- oder Nestmodelle – die vereinbarten Besuchsregelungen für die Kinder betreffen in Patchwork-Familien meist beide Seiten. Verstärkte Berufstätigkeit beider Elternteile, erhöhte Mobilität durch notwendige Arbeitsplatzwechsel und die damit verbundene zunehmende Singularisierung der Familien bergen auf der sozialen Ebene zusätzliche Risikofaktoren.[3]

Aus meiner Praxisarbeit kenne ich Familienkonstellationen, in denen sich die Kinder aus vier Ursprungsfamilien in Abhängigkeit von den jeweils vereinbarten Besuchsmodellen an jedem Wochenende oder in jeder Woche neu arrangieren müssen. Einige der Kinder nehmen regelmäßig lange Anreisen auf sich, um den jeweils anderen Elternteil zu sehen. So unterschiedlich die Anlässe für die Vorstellung der Kinder in meiner Praxis waren, berichteten alle Kinder über die deutliche Anspannung und den emotionalen Stress, der mit den immer neuen (Stief-)Geschwisterkonstellationen verbunden ist.

Die soziale und emotionale Entwicklung von Kindern ist aber in einem hohen Maße von stabilen Strukturen in ihren Familien abhängig. Frühe positive Bindungserfahrungen basieren auf verlässlichen Beziehungen und haben so wesentlichen Einfluss auf die weitere Entwicklung der Kinder bis in das Erwachsenenalter.[4] Unbestritten ist, dass Geschwisterbeziehungen zu den stabilsten Beziehungen im Laufe unseres Lebens zählen. In der Kindheit und Jugend sind es die Geschwister, mit denen wir die meiste Zeit verbringen. Sie sind Spielpartner im Kindesalter, Vertraute in der Adoleszenz und wichtige Ansprechpartner als Erwachsene.

Für das spezielle Geschwisterverhältnis gibt es über alle Epochen hinweg unzählige Beispiele. *Die Brüder Karamasow* von Fjodor Dostojewski (1879) ist sicherlich eines der bekanntesten Werke in der Literatur über Geschwisterbeziehungen. Liebe, Hass, Neid und Missgunst sind hier wiederkehrende Themen. Im Gegensatz dazu findet man bei *Hänsel und Gretel* (Brüder Grimm, 1812), bei *Die Brüder Löwenherz* (Astrid Lindgren, 1973) oder den Weasley-Brüdern in den Harry-Potter-Romanen von J.K. Rowling (1997–2007) innige, unterstützende und auch idealisierte Geschwisterbeziehungen.

Konflikte zwischen den Kindern sind ein sehr häufiges Thema in meinen Gesprächen mit den Familien. Diese Auseinandersetzungen folgen oft einem wiederkehrenden Schema. Sind beide Elternteile anwesend oder beide Kinder mit einem Elternteil allein, nehmen die Konflikte deutlich zu. Meist sind es kleine Anlässe, die zum Streit zwischen den Kindern führen. Ist ein Elternteil mit einem Kind allein, ist die Situation sofort deutlich entspannter. Diese Formen der Auseinandersetzungen unter Kindern haben viel mit der Bildung von Rangordnungen und dem Erlernen von Strategien zur Konfliktlösung unter Kindern zu tun.[5] Sie sind also – auch wenn es für die Eltern sehr anstrengend ist – Teil einer normalen Familiendynamik. Eltern sollten sie nicht sofort unterbinden. Denn das führt auf Dauer dazu, dass die Kinder keine Strategien zur Konfliktlösung entwickeln können, wie wir bereits aus Kapitel 4 wissen. Dass Konflikte unter Geschwistern aber auch andere Ausmaße annehmen können, zeigen die Probleme in der Familie von Mike:

Mike lernte ich im Rahmen eines forensischen Gutachtens kennen. Neben meiner ärztlichen Tätigkeit in der Praxis werde ich von Gerichten oder der Staatanwaltschaft beauftragt, ein forensisches Gutachten zur Frage der Schuldfähigkeit von Jugendlichen und jungen Erwachsenen zu erstellen. Dann geht es um die Frage, ob die Angeklagten zum Zeitpunkt der ihnen vorgeworfenen Taten ein Unrechtsbewusstsein entwickelt hatten bzw. ob dieses zum Beispiel durch eine psychische Erkrankung beeinträchtigt war. Zudem geht es immer um die Frage der sogenannten Impulssteuerungsfähigkeit.

Mike war wegen schwerer Körperverletzung angeklagt worden. Den Gerichtsakten konnte ich entnehmen, dass er während eines Streits mit seinem älteren Bruder plötzlich ein Messer aus der Küche genommen und damit mehrfach auf ihn eingestochen hatte. Einer dieser Stiche verfehlte die Hauptarterie im Oberschenkel nur knapp. Hätte Mike sie getroffen, wäre sein Bruder mit großer Wahrscheinlichkeit verblutet.

Bei unserer ersten Begegnung saß mir ein schmächtiger, blass aussehender junger Mann gegenüber, der deutlich jünger als seine 22 Jahre wirkte. Er bat mich, ihn zu duzen. Gesiezt hätte ihn bis jetzt noch niemand. Neben den Tatumständen – zu denen mir gegenüber die meisten Angeklagten aus Eigenschutz nicht ausführlich berichten – interessiert mich als Gutachter die soziale und emotionale Entwicklung der Angeklagten und natürlich die möglichen Motive der ihnen vorgeworfenen Tat. Auf diesem psychosozialen Hintergrund und meinem psychiatrischen Untersuchungsbefund ergibt sich nach und nach ein Persönlichkeitsprofil, das Hinweise auf den emotionalen Zustand der Angeklagten zu den in den Anklageschriften genannten Tatzeitpunkten gibt. Das ist jedes Mal eine sehr verantwortungsvolle Aufgabe, zumal die Tatzeitpunkte oft einige Zeit zurückliegen.

Die Gespräche mit Mike waren ungewöhnlich. Ich hatte den Eindruck, dass er auf eine solche Gesprächsmöglichkeit gewartet hatte. Zunächst fragte ich ihn, wie er aufgewachsen war. Mike war in einer mittelgroßen Stadt als zweitjüngster von vier Brüdern aufgewachsen. Die Wohnung war nicht groß gewesen, als Kind teilte er sich mit seinem kleinen Bruder ein Zimmer. Seine Eltern waren beide berufstätig, der Vater in Vollzeit, die Mutter in Teilzeit. Sie hätten in der Woche wenig Zeit für die Kinder gehabt. Am Wochenende, wenn alle zu Hause waren, hätten er und seine Brüder immer gestritten. Aus heutiger Sicht seien es immer nichtige Anlässe gewesen. Seine Eltern hätten viel mit Mike und seinen Brüdern geschimpft. Viel geholfen hätte es allerdings nicht. Alle waren froh, wenn das Wochenende wieder vorbei war.

Nach der Grundschule sei er als einziger der vier Brüder auf ein Gymnasium gewechselt. Nach dem Abitur hatte er zunächst ein Freiwilliges Soziales Jahr gemacht. Aktuell studiere er BWL. Warum er mit dem Messer zugestochen hatte, wisse er nicht mehr. Er habe seinen Bruder nicht verletzen wollen. Er habe sich zunächst gar nicht daran erinnern können, überhaupt ein Messer in der Hand gehabt zu haben. Was passiert sei, tue ihm heute leid. Er wisse nur noch, dass er plötzlich eine wahnsinnige Wut verspürt hatte. Ich fragte ihn, was der Hintergrund des Streites gewesen war und ob er eine Idee hätte, woher diese Wut kam. Daraufhin verstummte er und beendete abrupt unser erstes Gespräch.

Als wir uns in der nächsten Woche wiedertrafen, entschuldigte Mike sich für sein Verhalten: »Es ist das erste Mal, dass ich über meine Wut sprechen kann, und sofort habe ich sie wieder gespürt. Das hat mich bei unserem ersten Gespräch ziemlich überfordert. Schon als Kind hatte ich ständig Streit mit meinem zwei Jahre älteren Bruder. Es war immer anders als mit den beiden anderen. Mein Bruder ließ früher keine Gelegenheit aus, mich zu ärgern oder zu schlagen. Das passierte meistens, wenn meine Eltern nicht zu Hause waren oder sie nicht hinsahen. Oft war es nur eine Kopfnuss, manchmal auch ein Schlag mit der Faust. Wenn ich mich dann wehrte, sagte er immer, dass ich angefangen hätte. Ich hatte gehofft, dass meine Eltern mich unterstützen und mir helfen. Aber meine Eltern waren wahrscheinlich immer zu erschöpft. Sie wollten nach der Arbeit einfach ihre Ruhe haben.

Richtig schlimm wurde es, als ich auf das Gymnasium ging. Da wir jetzt alle älter waren, mussten wir uns tagsüber selbst versorgen. Meine Eltern waren ja arbeiten. Mein Bruder machte sich ständig über mich lustig oder beleidigte mich. Regelmäßig waren meine Schulordner verschwunden. Wenn Freunde von mir zu Besuch waren, nahmen die Beleidigungen noch zu. Ich habe deswegen dann niemanden mehr zu mir nach Hause eingeladen. Meine Eltern sagten dazu nur, dass wir das selbst regeln sollten. Das schien meinen Bruder nur zu bestärken. Auch als wir älter wurden, schlug er mich unvermittelt, wenn ich nicht aufpasste. Natürlich haben wir uns oft geprügelt. Ich habe auch immer versucht, mich zu wehren. Aber meistens war er der Stärkere. Ich hatte damals zu Hause oft Angst, weil ich nicht wusste, was passieren würde, wenn meine Eltern nicht zu Hause waren. Meinen Frust habe ich dann an meinem kleinen Bruder ausgelassen, obwohl ich zu ihm bis heute das beste Verhältnis habe.

Mein älterer Bruder war kein guter Schüler. Ich glaube, er war immer neidisch, dass ich auf ein Gymnasium ging. Er sagte mir bei jeder Gelegenheit, dass ich das nicht verdient hätte und das Abitur eh nicht schaffen würde. Ich sei viel zu dumm. Manchmal versuchte mein kleiner Bruder, mir zu helfen. Das machte mich natürlich wütend. Ich wollte nicht schwach sein. Außerdem bekam er dann auch die Gewalt meines Bruders ab. Mein ältester Bruder hielt sich aus allem raus. Auch wenn er gesehen hatte, was passierte, half er mir nicht. Er ist dann auch früh von zu Hause ausgezogen und hat geheiratet. Als ich mein Abiturzeugnis bekam, gratulierte mein älterer Bruder mir als Einziger nicht. Zum Studium bin ich dann in eine andere Stadt gegangen, daher hörten dann auch die Anfeindungen und körperlichen Aggressionen meines Bruders auf. Wenn ich aber zu Hause zu Besuch war, gingen zumindest die Beleidigungen weiter.

Wir waren alle zur Taufe der jüngsten Tochter bei der Familie meines ältesten Bruders, als es passierte. Abends gab es Alkohol. Eigentlich war die Stimmung gut, aber plötzlich war für mich wieder alles wie früher. Aus einer eher harmlosen Bemerkung wurde ein zunehmender Streit. Wieder stichelte mein älterer Bruder und beleidigte mich. Ich wurde immer wütender. Dann habe ich wohl das Messer genommen und zugestochen. An meine Tat kann ich mich gar nicht mehr richtig erinnern. Ich habe erst wieder reagiert, als ich merkte, dass alle um mich herum schrien. Mein Bruder lag auf dem Boden und bewegte sich nicht. Ich bin dann weggelaufen und erst nach mehreren Stunden zurückgekommen. Mein Bruder war mittlerweile in ein Krankenhaus gebracht worden und musste operiert werden. Er hat dann auch sofort Anzeige bei der Polizei erstattet, ohne mit mir vorher zu sprechen. Ich schäme mich sehr für mein Verhalten und dass ich mich nicht unter Kontrolle hatte. Ich bin kein aggressiver Mensch. Ich habe versucht, mich bei meinem Bruder zu entschuldigen, aber er will bis heute nicht mit mir sprechen. Meine Eltern haben ebenfalls kein Verständnis für mich. Eigentlich ist es genauso wie in meiner Kindheit.«

Die Geschichte von Mike ist sicherlich in ihrer Konsequenz ungewöhnlich. Aber sie zeigt, welche Auswirkungen jahrelange Anfeindungen nach sich ziehen können. Mike war weder in seiner Kindheit noch im jungen Erwachsenenalter durch aggressives Handeln aufgefallen. Im Gegenteil, die von mir durchgeführte Persönlichkeitsdiagnostik zeigte einen zurückhaltenden jungen Mann, der sich selbst als aggressionsgehemmt beschrieb. Diese Eigenbeschreibung war kein Selbstschutz oder der Versuch, sich in einem besseren Licht darzustellen. Eine Persönlichkeitsdiagnostik überprüft immer auch, ob der Klient oder die Klientin ein bestimmtes Bild von sich präsentieren möchte, also sozial erwünscht antwortet.

Mikes Selbstbeschreibung passte zu seinem Persönlichkeitsprofil eines eher sozial zurückgezogenen und selbstunsicheren Menschen. Erst die erneuten Anfeindungen des älteren Bruders hatten auf der Feier und unter Einfluss von Alkohol zu der massiven aggressiven Eskalation geführt. Man kann an dieser Stelle unschwer erkennen, wie tief die emotionale Verletzung bei Mike durch das fortgesetzte Mobbing war. Für mich als Psychiater und Gutachter im Gericht war klar, dass sich diese psychische Problematik auf die Schuldfähigkeit von Mike ausgewirkt hatte. Darauf wies ich in meiner mündlichen Ausführung des Gutachtens ausdrücklich hin. Wenn ich das Gutachten mündlich vorgetragen habe, ist meine Arbeit meistens getan und ich kann den Gerichtssaal verlassen. So erhalte ich in der Regel keine Informationen über das Urteil.

Das war in Mikes Fall anders. Sechs Monate später bekam ich eine Ladung des zuständigen Landesgerichts zu einer erneuten Verhandlung. Mikes Bruder war unversöhnlich geblieben und hatte über seinen Anwalt Berufung gegen das Urteil eingelegt. Er wies jede Beteiligung von sich und warf Mike vor, sich selbst als Opfer darzustellen und sich so aus der Verantwortung zu ziehen. Ich erfuhr zunächst, dass die Richterin in der ersten Instanz – gestützt auf mein Gutachten – das durch den Bruder erlebte Mobbing als strafmildernd angesehen hatte. Mike war zu einer Bewährungsstrafe verurteilt worden. Zudem bekam er zur Auflage, ein Anti-Aggressions-Training zu besuchen.

In der Verhandlung vor dem Landgericht wurde der familiäre Hintergrund von Mike ausführlich diskutiert. Ich musste mein Gutachten erneut mündlich erläutern. Auch die Richter am Landgericht bewerteten die Schilderungen von Mike als sehr glaubwürdig. Sie bestätigten das Urteil aus der ersten Instanz. Für mich wirkte es so, als ob der Bruder durch den Berufungsprozess die Anfeindungen beziehungsweise das Mobbing gegen seinen Bruder weiterhin mit allen Mitteln fortsetzen wollte.

Geschwisterrivalität vs. Mobbing

Ob seelische Verletzungen durch die eigenen Geschwister andere Folgen haben als durch Außenstehende, ist bisher nicht hinreichend erforscht. Aber Konflikte innerhalb von Familien werden vielfach deutlich intensiver ausgelebt und auch empfunden. Gewalt unter Geschwistern wird häufig übersehen.[6] Damit sind nicht die täglichen körperlichen und verbalen Auseinandersetzungen und Rivalitäten unter Geschwistern gemeint, die notwendig sind, um soziale Kompetenzen zur Konfliktlösung zu entwickeln.[7] Diese Form der Gewalt wird, wie die Gewaltanwendung durch Erwachsene, als körperliche, psychische oder sexuelle Missbrauchsform definiert.[8] Während Eltern im Alltag eher Rangeleien und Rivalitäten im Zusammenleben bemerken, finden diese Formen der Aggressionen unter Geschwistern meist im Verborgenen statt. Die Gewaltausbrüche, Feindseligkeiten und bewussten Ausgrenzungen stehen nicht unbedingt im Gegensatz zu den positiven Interaktionsmustern zwischen den Kindern und treten sogar oft gleichzeitig auf. Es handelt sich hier vielmehr um unterschiedliche Dimensionen einer Geschwisterbeziehung.[9]

Definition: Mobbing unter Geschwistern

»Es handelt sich um eine Form von bewusster Aggression zwischen Geschwistern, die indirekte oder direkte und überdauernde Verhaltensweisen sowie ein Machtungleichgewicht beinhalten. Diese Aggressionen können physischer (Schlagen), verbaler (Beschimpfungen) oder relationaler (Gerüchte verbreiten) Art sein.«[10]

Überdauernde Gewalterfahrungen als negatives Interaktionsmuster haben, genauso wie fortgesetztes Mobbing in anderen sozialen Gruppen, einen erheblichen Einfluss auf die spätere soziale Kompetenz und seelische Gesundheit bis in das Erwachsenenalter.[11] Susanne Witte vom Deutschen Jugendinstitut in München befragte knapp 4600 Erwachsene mittels eines Online-Fragebogens zu ihren Geschwisterbeziehungen in der Kindheit und ihrer aktuellen psychischen Belastung. Die Ergebnisse zeigten, dass es in Geschwisterbeziehungen zu einem hohen Ausmaß an Gewalt und Feindseligkeit unter Geschwistern kommt. Im Hinblick auf psychische Belastungen im Erwachsenenalter, so ein Ergebnis der Untersuchung, sind vor allem Rivalität und Feindseligkeit zwischen den Geschwistern sowie bewusster Ausschluss durch Geschwister deutliche Risikofaktoren.[12]

Daher ist Mobbing in Familien und die damit in Zusammenhang stehende Gewalt unter Geschwistern ein Thema, das im wissenschaftlichen Kontext zunehmend Beachtung findet.[13] Vorliegende Untersuchungen aus den USA, Italien, Großbritannien und Israel zeigen, dass die Häufigkeitsangaben für Mobbing in Familien deutlich über denen liegen, wie sie üblicherweise beim Mobbing unter Gleichaltrigen gefunden werden. Bemerkenswert ist, dass beim

Mobbing in Familien die betroffenen Kinder sowohl Täter als auch gleichzeitig Opfer sein können. Dieses Phänomen wird dahingehend interpretiert, dass die Machtverhältnisse in Familien einer starken Dynamik unterliegen. Rollenmuster und Rollenzuschreibungen innerhalb einer Familie können sich schnell verändern. So werden aus Opfern Täter – und umgekehrt. Hinzu kommt: Während im öffentlichen Raum massive Gewaltanwendungen fast immer angezeigt werden und somit auch strafrechtliche Konsequenzen nach sich ziehen, bleiben diese im familiären Rahmen meist ohne Konsequenzen.

Risikofaktoren für Mobbing in der Familie

Die Studien zeigen, dass Mobbing weniger von der Elternkonstellation abhängig ist. Alleinerziehende Eltern oder Stiefeltern in Patchwork-Familien sind kein bedeutsamer Risikofaktor im Vergleich zu Familien mit zwei biologischen Elternteilen. Neben den sozialen Verhältnissen, zum Beispiel durch beengten Wohnraum, scheinen jedoch eine höhere Geschwisterzahl und ein geringer Altersabstand zwischen den Kindern bedeutsame Risikofaktoren zu sein. Zudem haben jüngere Kinder in der Geschwisterreihenfolge und Kinder mit Entwicklungsstörungen das größte Risiko für Mobbing innerhalb der Familie.

Mobbing unter Geschwistern kann zunächst ähnliche Auswirkungen nach sich ziehen wie das Mobbing unter Gleichaltrigen. Die Opfer von Mobbing innerhalb einer Familie können sich den Anfeindungen aber nur schwer entziehen.[14] Den Freundeskreis zu wechseln, ist immer möglich. Der Familie ist man jedoch – positiv oder negativ – meist ein Leben lang verbunden.

Durch das Mobbing in der Familie wird die Wahrscheinlichkeit deutlich erhöht, in der Gleichaltrigengruppe gemobbt zu werden. Noch stärker steigt das Risiko für spätere Erkrankungen an, wenn es zusätzlich zu Benachteiligungen und Herabsetzungen durch die Eltern kommt. Die häufigsten Folgen sind Depressionen und Angststörungen. Zusätzlich findet sich auch ein dreifach erhöhtes Risiko für das Auftreten von selbstverletzendem Verhalten. Einige Studien zeigen einen direkten Zusammenhang zwischen Mobbing im Kindes- und Jugendalter und dem Auftreten von Psychosen im Erwachsenenalter.[15]

Gewalt und Gewalterfahrungen in Familien stellen also einen nicht zu unterschätzenden Risikofaktor innerhalb von Familien dar. Zunehmend wird der Fokus auf die Beziehung der Geschwister gelegt. Leider gibt es bisher noch wenige Präventivmaßnahmen, da Geschwisterrivalitäten als normale Phänomene in Familien angesehen werden und so auch dem Thema Mobbing unter Geschwistern bisher nur wenig Aufmerksamkeit geschenkt wird.[16] Das entspricht meinen Erfahrungen aus den vielen Gesprächen mit den Eltern in der Praxis.

Was zu tun ist: Hinschauen, reflektieren, handeln

Da sich die seelischen Folgen aber, wie bei anderen Formen des Mobbings auch, bis in das Erwachsenenalter auswirken können, kommt der Prävention und – wenn das Mobbing schon länger andauert – dem schnellen und konsequentem Eingreifen eine wichtige Bedeutung zu.

Wir müssen als Eltern genau hinschauen, wenn sich die Art und Intensität der Konflikte zwischen den Geschwistern verändert. Eltern merken meist, ob sich Verhaltensänderungen eines Geschwisters zeigen, es emotional belastet wirkt oder sich immer mehr zurückzieht. Genauso wie bei externen Gründen als Auslöser von Mobbing auch, ist dann unbedingt eine schnelle Klärung der Situation mit möglichst allen beteiligten Familienmitgliedern notwendig. Nur wenn die Situation und Rolle aller Familienmitglieder innerhalb der Familie geklärt werden kann, können Lösungsansätze überdauernd wirken.

Es ergibt keinen Sinn, zum Beispiel den zweijährigen Bruder in die Gespräche miteinzubeziehen. Aber all die Familienmitglieder, die sich aktiv an solchen Gesprächen beteiligen können, sollten in den therapeutischen Prozess einbezogen werden. Im weiteren Verlauf können dann die Gespräche auf die unmittelbar an den Konflikten beteiligten Geschwister und Eltern begrenzt werden. Folgende situationsbezogenen Fragen sollten zunächst geklärt werden:

» Was hat das Mobbing ausgelöst?
» Seit wann besteht das Mobbing?
» Handelt es sich eher um verbale Anfeindungen, Ausgrenzungen und/oder körperliche Gewalt?
» Wie kann man das gemobbte Geschwisterteil am besten schützen?

In den Gesprächen mit den Kindern gilt es, möglichst den ursprünglich auslösenden Konflikt zu erkennen, der zum späteren Mobbing geführt hat. Das ist oft nicht leicht, weil es meist die Summe von subjektiv und objektiv erlebten Verletzungen ist, die das spätere Mobbing ausgelöst hat. Mobbing und Gewalt unter Geschwistern ist also nicht von Anfang an ein Thema, sondern entwickelt sich erst im Laufe der Zeit. Subjektiv empfundene oder tatsächlich erlebte Ungerechtigkeiten durch die Eltern, Neid über Erfolge des Bruders oder der Schwester, aber auch vorangegangene Kränkungen sind nur einige der möglichen Ursachen von Mobbing.

Von großer Bedeutung ist im weiteren Verlauf die Stärkung der sozialen und emotionalen Kompetenzen aller Geschwister. Dabei geht es auch darum, wie Konflikte und Rivalitäten sozial gelöst werden können. In diesem Zusammenhang kommt wiederum der Vorbildfunktion der Eltern eine entscheidende Rolle zu. Verhalten sie sich in einem Konflikt zwischen Kindern neutral oder stellen sie sich auf eine Seite? Wenn Letzteres regelmäßig geschieht, wird sich ein Kind benachteiligt fühlen. Es entsteht in ihm das Gefühl, von den Eltern nicht unterstützt zu werden. So erhöht sich das Risiko, Aggressionen und Anfeindungen gegen ein Geschwister verdeckt auszutragen.

Die Auseinandersetzung mit dem eigenen Erziehungsverhalten ist für die Eltern nicht einfach. Denn sie erfordert, sich mit den möglichen Fehlern in der Erziehung und der eigenen Einstellung gegenüber Aggression und Gewalt auseinanderzusetzen. Neben den akuten Fragen zur Klärung der Situation sollten sich Eltern auch damit befassen, ob sie unbewusst ein Kind bevorzugen oder ein anderes herabsetzen.

Dieses sofort zu erkennen, ist für Eltern nicht immer leicht. Denn sie leben in einem Spannungsfeld unterschiedlicher Anforderungen. Stress oder Überforderung im Beruf, wirtschaftliche Sorgen oder eigene Erkrankungen können dazu führen, dass Eltern weniger aufmerksam gegenüber den Bedürfnissen ihrer Kinder sind. Betrachtet man eine Familie als ein System, in dem allen Familienmitgliedern – egal ob sie diese möchten oder nicht – eine Rolle von den anderen zugeschrieben wird, wird verständlich, wie sehr das Verhalten von den Eltern und Geschwistern beeinflusst wird. Daher ist auch die selbstkritische Auseinandersetzung mit dem eigenen Verhalten als Vater oder Mutter wichtig. Diese Fragen können dabei helfen:

» Habe ich genügend auf frühe Warnsignale geachtet?
» Gibt es eine – meist unbewusste – Bevorzugung eines meiner Kinder?
» Wie ist meine eigene Vorbildfunktion bei der Lösung von Konflikten?
» Sind wir Eltern in Erziehungsfragen grundsätzlich einer Meinung?
» Zeige ich genügend Konsequenz in der Erziehung?

Die Beantwortung dieser Fragen kann schmerzhaft sein. Wenn ich sie mit Eltern in meiner Praxis bespreche, gilt es daher zunächst immer, ihr Vertrauen zu gewinnen. Gelingt dies, können die Konflikte überdauernd gelöst werden. Dann geht es um die Stärkung der Elternkompetenz. Elternkompetenz bedeutet hier, ein Bewusstsein für das Mobbing unter Geschwistern zu entwickeln und frühzeitig Warnsignale zu erkennen.

Wenn Eltern sich allein überfordert fühlen, ist professionelle Hilfe empfehlenswert. Das kann zum Beispiel im Rahmen einer Erziehungsberatung geschehen. Das sind niedrigschwellige Beratungsangebote, die die zuständigen Jugendämter, aber auch die Caritas, die Diakonie, die Arbeiterwohlfahrt oder das Deutsche Rote Kreuz durchführen. Hier bekommen Eltern meist unkompliziert und zeitnah Rat und Unterstützung.

Reicht dieses Beratungsangebot nicht aus, können Eltern weitere Hilfen beantragen. Im Sozialgesetzbuch (SGB) sind Unterstützungsmöglichkeiten für Eltern als »Hilfe zur Erziehung« verankert.[17] Die Art und der Umfang dieser zeitlich begrenzten Unterstützung wer-

DOs für Eltern

- » Seien Sie aufmerksam, wenn sich die Konflikte unter Ihren Kindern zunehmend intensivieren.
- » Sprechen Sie klar gegenüber Ihren Kindern an, dass Gewalt nicht geduldet wird.
- » Klären Sie möglichst schnell den Auslöser des Mobbings und weisen Sie auf Konsequenzen hin.
- » Stärken Sie die emotionalen und sozialen Kompetenzen Ihrer Kinder.
- » Holen Sie sich externe Hilfe, wenn sich der Konflikt nicht allein lösen lässt.
- » Betrachten Sie den Rückzug Ihres Kindes als ein Warnsignal.
- » Hinterfragen Sie Ihr eigenes Erziehungsverhalten.
- » Schaffen Sie klare pädagogische Strukturen (z. B. mehr Aufsicht).
- » Vermeiden Sie die Bevorzugung eines Geschwisters.

den in Kooperation mit den zuständigen Jugendämtern ermittelt. Diese übernehmen dann die Kosten für die jeweils empfohlene Maßnahme.

Des Weiteren gibt es Unterstützungsmöglichkeiten in Form von Familientherapien – möglichst unter Einbeziehung aller Familienmitglieder. Leider werden die Kosten dafür von den gesetzlichen Krankenkassen nicht für Kinder und Jugendliche übernommen. Unter bestimmten Umständen kann diese Form der Therapie aber auch unter die Maßnahmen des Kinder- und Jugendhilfegesetzes fallen. In Fällen, in denen eine psychische Erkrankung Ursache des Mobbings ist, ist natürlich die Hilfe eines Kinder- und Jugendpsychiaters gefragt. Auch hier ist wichtig, dass eine Änderung der Situation nur durch Einbezug aller Familienmitglieder erreicht werden kann.

In den meisten Familien sind positive und gefestigte Bindungen vorhanden. Diese grundsätzlich starken Geschwisterbeziehungen bergen immer die Chance, entstandene Konflikte zu lösen. Denn Voraussetzung für die Lösung eines Konflikts ist eine wertschätzende Haltung gegenüber dem Bruder oder der Schwester. Wichtig ist für Eltern, die Position aller Geschwister objektiv zu bewerten und sich einzugestehen, dass auch sie selbst Teil des Konflikts sind, der zum Mobbing geführt hat.

Auf einen Blick

- » Gewalt und Mobbing unter Geschwistern ist ein häufiges Phänomen und nicht mit Geschwisterrivalität gleichzusetzen.
- » Gewalt und Mobbing unter Geschwistern findet fast immer in Abwesenheit der Eltern statt.
- » Täter- und Opferrollen können variieren.
- » Neben den sozialen Verhältnissen (z. B. durch beengten Wohnraum) sind eine höhere Geschwisterzahl und ein geringer Altersabstand zwischen den Kindern bedeutsame Risikofaktoren.
- » Mobbing in der Familie erhöht die Wahrscheinlichkeit, auch in der Gleichaltrigengruppe gemobbt zu werden.
- » Überdauernde Gewalterfahrungen in der Familie haben einen erheblichen Einfluss auf die soziale Kompetenz und seelische Gesundheit bis in das Erwachsenenalter.
- » Insbesondere Rivalität und Feindseligkeit zwischen den Geschwistern sowie bewusster Ausschluss einzelner Geschwister führen zu Mobbing.
- » Das Risiko erhöht sich weiter, wenn sich auch die Eltern am Mobbing beteiligen.
- » Häufige Folgen sind Depressionen und Angststörungen sowie ein erhöhtes Risiko für das Auftreten von selbstverletzendem Verhalten.

KAPITEL 7

Stalking – Die unterschätzte Gewalt

Stalking ist unter Jugendlichen eine noch wenig beachtete Variante des Mobbings, die aber immer stärker zunimmt, wie bereits zu Beginn des Buches angedeutet. Nachdem ab 2010 zunächst ein Rückgang der polizeilich erfassten Fälle von Stalking zu verzeichnen war, nehmen die bei der Polizei gemeldeten Fälle seit 2018 wieder zu. Im Jahr 2021 wurden 20 464 Fälle – im Gegensatz zu 18 961 erfassten Fällen im Jahr 2018 – gemeldet.[1]

Die digitale Vernetzung unserer Kinder führt dazu, dass die Grenzen zwischen Cybermobbing und Cyberstalking immer fließender werden. Dennoch gibt es Unterschiede in der Art der Anfeindungen und Belästigungen und den seelischen Auswirkungen auf die Betroffenen. Aus diesem Grund befassen wir uns in diesem Kapitel ausführlich mit Stalking und Cyberstalking. Denn es ist wichtig, Unterscheidungen zu treffen, um angemessen zu reagieren.

Verfolgung mit schweren Folgen

Der englische Begriff »Stalken« entstammt der Jagdsprache und bedeutet, ein Wild zu verfolgen und es zu erlegen. Schon hieraus wird der aggressive Hintergrund des Stalkens deutlich. Die Zielperson selbst kann, wie beim Mobbing und Cybermobbing auch, den Handlungen gegen sie zunächst keinen Einhalt gebieten.

Definition: Stalking

Stalking wird als »absichtsvolles, wiederholtes und über längere Zeit andauerndes Verhaltensmuster definiert, in dessen Mittelpunkt die Verfolgung, ungewollte Kontaktaufnahme sowie Annäherungen und Belästigungen einer bestimmten Person steht«.[2] Stalking besteht also darin, dass die Zielperson regelmäßig – oft mehrmals am Tag – durch Telefonanrufe, durch das Senden von Nachrichten über Messengerdienste oder E-Mails belästigt wird. Oder sie erhält z. B. immer wieder unerwünschte Geschenke. Erfolgt keine Reaktion durch die betroffene Person, kann es zu gewalttätigen Übergriffen kommen, wenn sich der Täter oder die Täterin ignoriert fühlt.

Obwohl gut belegt ist, dass Stalking unter Jugendlichen mittlerweile deutlich häufiger vorkommt als unter Erwachsenen, gibt es bisher nur wenige Untersuchungen über die konkreten Auswirkungen.[3] Im Rahmen des Niedersachsensurvey 2017 wurden knapp 9000 Schüler und Schülerinnen der neunten Jahrgangsstufe befragt.[4] Die Jahrgangsstufe wurde deshalb ausgewählt, weil »in dieser Altersgruppe delinquentes bzw. abweichendes Verhalten entsprechend der Alters-Kriminalitäts-Kurve nach Moffitt[5] sehr häufig vorkommt«.

Mit dem Survey wurde die sogenannte Lebenszeitprävalenz erfasst, das heißt die Häufigkeit einer Erkrankung oder eines Ereignisses in der bisher verstrichenen Lebenszeit. Bei den befragten 15-Jährigen lag diese Häufigkeit für das Stalking bei 22 Prozent.

Mehr als jeder fünfte Jugendliche war also bereits einmal von Stalking betroffen. Mit 29 Prozent – gegenüber 15 Prozent bei den Jungen – überwog der Anteil der Mädchen deutlich. Dieser Befund entspricht den Geschlechtsunterschieden bei Erwachsenen.

In der Studie wurde auch nach den Beziehungen zu den Tätern gefragt: Überwiegend handelte es sich bei diesen um Personen aus dem direkten Umfeld der Betroffenen: Ex-Partner (34 Prozent), Freunde (13 Prozent) oder Klassenkameraden (8 Prozent). Durch (Stief-)Elternteile, Eltern von Freunden oder Nachbarn wurden 20 Prozent der Betroffenen gestalkt. In 24 Prozent der Fälle waren die Stalker unbekannte Personen.

Erfragt wurden außerdem die psychischen Folgen des Stalkings: Vor allem Angstsymptome und Depressionen gaben die Betroffenen an, die Mädchen deutlich häufiger als die Jungen. Zudem berichteten die Mädchen signifikant häufiger über Suizidgedanken. In beiden Geschlechtergruppen waren sowohl der Cannabis- als auch der Alkoholkonsum im Vergleich zu den Jugendlichen ohne Stalking-Erfahrungen deutlich erhöht. Dieses Ergebnis weist darauf hin, wieviel Stress das Stalking bei den betroffenen Jugendlichen auslöst.

Das Gefühl, ständig ungewollt neue Nachrichten zu bekommen oder in der Schule von einem Mitschüler beobachtet und kontrolliert zu werden, erzeugt eine permanente Anspannung in den Betroffenen. Jugendliche mit Stalkingerfahrungen berichten, dass sie das Gefühl hatten, die Kontrolle über ihr eigenes Leben komplett verloren zu haben. Sie vermeiden soziale Aktivitäten außerhalb ihres Zuhauses, treffen keine Freunde mehr, und das hat Auswirkungen auf ihr Selbstbewusstsein. Viele geraten immer stärker in eine soziale Isolation. Ein nicht enden wollender Teufelskreis entsteht für sie, wobei dieser Stress nicht nur emotionale Probleme mit sich bringt, sondern unter Umständen auch eine starke Pulsbeschleunigung, einen erhöhten Blutdruck oder starke Gewichtsveränderungen.

Die Ergebnisse des Niedersachsensurvey, die so erstmals in Deutschland erhoben wurden, stimmen mit denen einer amerikanischen Studie, in der 1 300 College-Schüler im Alter von 13 bis 15 Jahren befragt wurden, überein.[6] Diese Untersuchung fand zwar geringere Lebenszeitprävalenzen und Geschlechtsunterschiede (Mädchen: 14 Prozent, Jungen: 13 Prozent). Die Langzeitfolgen – Depressionen, Angststörungen und vermehrter Alkohol- und Drogenkonsum – unter den Betroffenen waren jedoch ähnlich.

Die Frage nach dem Warum

Die Autoren der amerikanischen Studie setzten sich in einer weiteren Untersuchung mit den Tätern und Täterinnen auseinander.[7] Zwei Drittel waren männlich und ein Drittel weiblich. Den meisten von ihnen ging es beim Stalken um den Versuch, eine intime Nähe zu ihrer Zielperson herzustellen. Ein Teil der Jungen zeigte im Vergleich zu den Mädchen eine erhöhte Bereitschaft, im Verlauf des Stalkings offen aggressiv aufzutreten.

Eine australische Forschergruppe untersuchte ebenfalls die Beweggründe von jugendlichen Stalkern.[8] Dazu nutzten sie Daten des Jugendgerichts Melbourne, die darüber Auskunft gaben, welchen Jugendlichen die Weisung erteilt wurde, keinen Kontakt mehr zu ihren Stalking-Opfern aufzunehmen. Weisungen verhindern – ähnlich wie im deutschen Strafrecht – zunächst eine strafrechtliche Verfolgung, sofern sich die Täter an diese Weisung halten. Insgesamt wurden 299 Jugendliche untersucht. Davon waren 64 Prozent männlich und 36 Prozent weiblich. Im Vergleich zu erwachsenen Stalkern war der Anteil der Täterinnen bei den Jugendlichen deutlich erhöht. Das Durchschnittsalter der Stalker und Stalkerinnen lag bei fünfzehn Jahren, fast 80 Prozent besuchten eine weiterführende Schule. Nur bei einer kleinen Minderheit ergaben sich Hinweise auf kognitive oder mentale Probleme.

Die Forschergruppe identifizierte bei den jugendlichen Stalkern sechs Hauptintentionen: Am häufigsten war das Stalken eine Fortsetzung und Intensivierung vorangegangenen Mobbings (28 Prozent). Häufig wurde das Gefühl einer Zurückweisung beziehungsweise Kränkung durch das spätere Opfer benannt (22 Prozent). Genauso oft (22 Prozent) trat das Stalken nach dem Ende einer intimen Beziehung auf, da sich die Täter und Täterinnen zurückgewiesen beziehungsweise gekränkt fühlten. In 20 Prozent der Fälle fand sich ein Stalken von Personen, die eher zufällig von den Tätern ausgesucht wurden. Bei einer kleinen Gruppe (5 Prozent) ging es um bewusste sexuelle Nachstellung und Gewalt. Für die Autoren ein weiterer Hinweis, auch bei jugendlichen Stalkern das Gewaltpotenzial nicht zu unterschätzen und konsequent zu handeln.

Schon im Kapitel über Aggressionen (siehe Kap. 3) haben wir uns mit möglichen Hintergründen von Mobbing und Stalking beschäftigt. In der Forschungsliteratur findet man immer wieder Auseinandersetzungen mit der Persönlichkeit von Menschen, die andere Menschen stalken oder mobben. Insbesondere beim Stalken werden bei den Tätern und Täterinnen narzisstische Persönlichkeitsstrukturen ausgemacht.[9]

Nicht bei allen Jugendlichen gelingt eine positive Auseinandersetzung mit dieser schwierigen Entwicklungsphase. Risikofaktoren stellen hier neben angeborenen Temperamentsmerkmalen schwierige familiäre Beziehungen, unangemessene Anforderungen mit regelmäßiger Überforderung, aber auch eine ständige Überidealisierung durch die Eltern in der Kindheit dar. Das kann dazu führen, dass die betroffenen Jugendlichen nur noch die idealisierten Persönlichkeitsanteile bei sich wahrnehmen und negative Merkmale zunehmend abgespalten werden. Das eigene Selbstbild ist zwar

Entwicklungsphase Jugendalter

Das Jugendalter ist geprägt von starken Veränderungen des inneren und äußeren Selbst. Während die Kindheit noch sehr von der Beziehung zu den Eltern und anderen engen Bezugspersonen geprägt ist, gewinnen nun der soziale Vergleich und die Beziehungen zu Gleichaltrigen immer mehr an Bedeutung. Insbesondere im frühen Jugendalter verändert sich das Selbstbild sehr schnell. Gleichzeitig treten vermehrt Schamgefühle, Gefühle der Minderwertigkeit und Versagensängste auf, die mit Größenideen, Selbstüberschätzung, Selbstbezogenheit, einer extremen Empfindlichkeit sowie häufigen Stimmungsschwankungen einhergehen können.

grandios, gleichzeitig aber auch sehr fragil und leicht kränkbar. Das ständige Bedürfnis nach Bewunderung geht oft mit einem Mangel an Empathie einher. Schon bei objektiv geringen Kränkungserlebnissen können die Jugendlichen dann mit deutlicher Aggression reagieren. Diese wird jedoch meist nicht offen ausgelebt, sondern eher verdeckt, da gleichzeitig immer der Wunsch nach Akzeptanz besteht. Das bedeutet nicht, dass alle Jugendlichen, die stalken, eine narzisstische Persönlichkeitsstörung aufweisen. Selbst äußerlich unauffällige, integrierte Jugendliche können sich in dieser Entwicklungsphase schnell gekränkt fühlen und aggressiv reagieren. Und das bedeutet wiederum für die Betroffenen von Stalking, dass sie in dieser vulnerablen Entwicklungsphase ein erhöhtes Risiko haben, durch fortgesetzte direkte oder indirekte Aggressionen überdauernde seelische Probleme zu entwickeln.

So wie Timo:

Timo war neunzehn Jahre alt, als er in meine Sprechstunde kam. In einer Gerichtsverhandlung hatte er nach seiner Zeugenbefragung auf dem Flur plötzlich hyperventiliert. Eine Justizbeamtin hatte einen Krankenwagen gerufen. In der Notaufnahme konnte aber keine körperliche Ursache für seine Symptome gefunden werden.

»Für mich war das der Auslöser, um mir therapeutische Hilfe zu suchen«, berichtete Timo. »Vor ca. einem Jahr habe ich auf einer Party ein Mädchen kennengelernt. Wir haben ziemlich geflirtet. Nach der Party haben wir uns noch zweimal getroffen, es war aber nichts Ernstes für mich. Es passte einfach nicht, obwohl ich gerne eine Freundin gehabt hätte. Sie hat mir immer weiter Nachrichten geschrieben und anfangs habe ich auch noch geantwortet. Zwischendurch habe ich Briefe mit kleinen Geschenken oder Fotos von ihr erhalten. Irgendwann habe ich das Interesse komplett verloren. Zunächst habe ich gar nicht mehr auf ihre Nachrichten geantwortet. Sie hat aber nicht aufgehört, mir zu schreiben.

Zum Schluss waren das bis zu 100 Nachrichten täglich. Sie wollte mich treffen und mit mir zusammen sein, sie war aber nicht mein Typ. Ich habe ihr das dann auch so geschrieben und ihr ziemlich deutlich klargemacht, dass ich keinen Kontakt möchte. Sie hat aber nicht aufgehört. Ganz im Gegenteil. Die Nachrichten wurden immer aggressiver. Als sie auf meine Aufforderung, mich nicht weiter zu belästigen, nicht reagierte, habe ich ihre Nummer blockiert.

Ich wohne bei meinen Eltern, die haben noch einen Festnetzanschluss. Plötzlich kamen täglich Anrufe mit einer unbekannten Nummer. Ich wusste zunächst nichts davon, weil ich ja tagsüber in der Schule war. Irgendwann sprach mich meine Mutter darauf an. Ständig würde das Telefon klingeln, aber sofort aufgelegt, wenn sie abnahm. Ob ich wisse, wer das sei. Mir war sofort klar, dass das nur das Mädchen sein konnte. Oft klingelte auch mitten in der Nacht das Telefon. Wir haben dann den Hörer danebengelegt, damit wir schlafen konnten.

Ich habe schon früher gekifft und Alkohol getrunken. Aber eigentlich nur mit Freunden am Wochenende. Nun fing ich an, Cannabis auch in der Woche allein zu rauchen. Ich hatte das Gefühl, nur so den Stress loszuwerden. Richtig geholfen hat es aber nicht. Ich hätte nie gedacht, dass mich das so beeinflussen würde.

An einem Samstag – meine Eltern waren mit dem Auto weggefahren – klingelte es an der Haustür. Als ich die Tür öffnete, stand sie plötzlich vor mir. Sie muss beobachtet haben, dass meine Eltern nicht zu Hause waren. Sie müsse unbedingt mit mir reden, da ich der ›Richtige‹ für sie sei und sie mich liebe. Ich habe sie angeschrien und die Tür zugeschlagen.

Zwei Wochen später kam meine kleine Schwester weinend nach Hause. Ein Mädchen habe sie an der Bushaltestelle abgefangen und sie bedroht. Wenn ich nicht bereit wäre, mich mit dem Mädchen zu treffen, würde Schlimmes passieren. Meine Eltern haben dann einen Anwalt eingeschaltet und Anzeige erstattet. In der Gerichtsverhandlung sollte ich meine Sicht der Dinge schildern. Ich war sehr aufgeregt und nervös und wollte auch dem Mädchen nicht begegnen. Die Befragung habe ich gut geschafft. Hinterher bin ich dann zusammengebrochen.«

Die meisten Flirts unter Jugendlichen werden sicherlich nicht so ausgehen. Timos Geschichte zeigt aber, wie Signale falsch verstanden werden können. Er hatte aufgrund der fortgesetzten Belastung eine Angststörung entwickelt. Der Zusammenbruch nach der Zeugenbefragung im Gericht stellte sich als Panikattacke heraus. Bei meiner genaueren Nachfrage zeigte sich, dass auch danach noch mehrfach Panikattacken bei Timo aufgetreten waren. Der gesteigerte Drogen- und Alkoholkonsum war sein Versuch, die emotionale Belastung zu lindern. Doch dadurch gehen auf Dauer die Symptome nicht zurück. Neben einem erhöhten Abhängigkeitsrisiko sehe ich bei meinen Patienten häufig eine Symptomverschlechterung. Erst durch die regelmäßige Behandlung konnte Timo wieder Zutrauen fassen und seinen Alkohol- und Cannabiskonsum besser regulieren.

Leider war über das Mädchen, das Timo gestalkt hatte, nur wenig bekannt. Seine Schilderungen deuteten aber darauf hin, dass das Mädchen das Desinteresse von Timo als Kränkung erlebt hatte. Statt den flüchtigen Kontakt mit Timo zu beenden, intensivierte sie ihn und zeigte schließlich sogar aggressives Verhalten gegenüber seiner Schwester. Sie hatte den Flirt ganz anders als Timo interpretiert und sich eine intensive Liebesbeziehung erhofft.

Nicht nur die Geschichte von Timo, sondern auch die von Leon, den ich im Alter von neun Jahren als Anna kennenlernte, zeigt, warum dieses Kapitel über Stalking so wichtig ist. Leon wuchs in einer Kreisstadt, 150 Kilometer von Berlin entfernt, auf. Viele Familien nehmen solche weiten Entfernungen zu einer Untersuchung auf sich, da es an ihren Heimatorten oft keine ausreichende medizinische Betreuung gibt.

Bei Leon ging es damals um den Verdacht einer Lese- und Rechtschreibstörung, einer Legasthenie. Zusätzlich bestand der Verdacht auf eine Konzentrations- und Aufmerksamkeitsstörung (ADS). Solche neuropsychologischen Fragestellungen gehören in meinem Fachgebiet zu den Routineuntersuchungen. Dennoch können sich dahinter komplexe und manchmal auch tragische Entwicklungen verbergen.

Damals hieß Leon noch »Anna« und war ein Mädchen. Schon in der Erstuntersuchung wirkte sie sehr »jungenhaft«. Die Eltern berichteten, dass Anna nie Kleider tragen wollte und am liebsten mit

Jungs spielte. Sowohl im Kindergarten als auch in der Grundschule seien sie mehrfach zu Gesprächen eingeladen worden. Den Eltern sei vermittelt worden, dass das Verhalten ihrer Tochter »nicht normal« sei und sie sich Hilfe suchen sollten. Anfangs hatten die Eltern tatsächlich versucht, sie wie ein Mädchen zu erziehen. Anna hätte aber alles »Mädchenhafte« abgelehnt.

Im Gespräch mit mir war Anna aufgeschlossen, neugierig und fröhlich. Sie habe zwar einige Probleme mit der Rechtschreibung, habe aber insgesamt gute Noten in der Schule. Sie spiele lieber Fußball als mit Puppen, allerdings würden die Jungs sie häufig in der Pause nicht mitspielen lassen. Dabei spiele sie in einem Fußballverein. Vor allem ein Junge lehne sie immer wieder ab. Er sei der beste Spieler in ihrer Klasse. Er habe wahrscheinlich Angst, dass sie irgendwann besser sei als er.

Unsere Untersuchungen ergaben damals weder einen Hinweis auf das Vorliegen eines ADS noch einer Legasthenie. Ich vermutete, dass dieser Verdacht möglicherweise nur ein Vorwand für eine Vorstellung bei mir in der Praxis gewesen war. Daher bot ich der Familie ein Gespräch mit dem Klassenlehrer an, um die Hintergründe zu klären. Leider reagierte die Schule aber nicht auf unsere Gesprächsangebote.

Erst Jahre später stellte sich Anna erneut bei mir in der Praxis vor. Sie nannte sich mittlerweile »Leon« und verstand sich mehr als Junge. Mittlerweile lebte Leon in einer therapeutischen Wohngemeinschaft in Berlin. Er kam auf Bitte seines behandelnden Psychotherapeuten. Aufgrund seiner bestehenden schweren Depression hatte der Therapeut ihm geraten, mit mir über eine medikamentöse antidepressive Therapie zu sprechen. Leon hatte sich sehr verändert. Er war ein ernster und zurückhaltender 17-jähriger Jugendlicher, der nur wenig lächelte und sehr in sich gekehrt wirkte. Es war ein heißer Sommertag, daher fielen mir die vielen Schnittwunden an seinen Unterarmen sofort auf. Ich fragte ihn, was in der Zwischenzeit geschehen war.

Leon antwortete: »Ich hatte mich nie richtig für die Dinge interessiert, die die Mädchen bei mir in der Stadt gemacht haben. Ich mochte keine Kleider und Zöpfe und habe lieber Fußball gespielt. Dadurch wurde ich aber weder von den Mädchen noch von den Jungs richtig akzeptiert. Aber damals war für mich klar, dass ich ein Mädchen bin. Der beste Fußballspieler in meiner Klasse versuchte immer, mich in den Pausen nicht mitspielen zu lassen. Einmal haben wir uns sogar geprügelt. Die Direktorin sagte zu mir, dass sie ein solches Verhalten bei einem Mädchen nicht akzeptiere. Sie würde den Jungen nicht bestrafen, da ich aufgrund meines Verhaltens selbst schuld sei. Meine Schule war eine Gemeinschaftsschule. Wir bleiben also alle bis mindestens zur zehnten Klasse zusammen. Mit dem anderen Jungen hatte ich immer wieder Streit. Es gab aber auch Kinder, die mich unterstützten.

Als wir älter wurden, änderte sich das plötzlich. Wir redeten beide in den Pausen über Fußball und unsere Lieblingsspieler. Ich habe mich dann in ihn verliebt und plötzlich waren wir ein Paar. Damals war ich fünfzehn. Recht schnell haben sich die Freunde von ihm über uns lustig gemacht. Ob er schwul sei, hörte er immer wieder von den anderen. Schließlich sei ich doch ›kein richtiges Mädchen‹. Er verlangte dann von mir, dass ich mich wie ein Mädchen anziehen und verhalten sollte. Sonst würde er Schluss mit mir machen. Ich mochte ihn damals sehr, deshalb habe ich versucht, mich mehr wie ein Mädchen anzuziehen. Ich glaube aber, dass mir das nicht besonders gut gelungen ist. Die Kommentare über uns hörten jedenfalls nicht auf.

Ich mochte auch ein anderes Mädchen aus der Nachbarklasse. Ich bin pansexuell orientiert. Wir hatten aber keine Beziehung miteinander. Trotzdem war mein Freund extrem eifersüchtig und verbot mir, mit ihr Kontakt zu haben. Er begann damals, mein Handy zu kontrollieren und auch meine E-Mails. Ich hatte das zu diesem Zeitpunkt nicht ernst genommen, was sich später als Fehler herausstellte.

Als wir wegen seiner Eifersucht wieder einen heftigen Streit miteinander hatten, schlug er mich plötzlich. Zwar entschuldigte er sich hinterher. Für mich war aber klar, dass ich mich trennen wollte. Er weinte und bat mich immer wieder, mit ihm zusammenzubleiben. Zum Schluss drohte er sogar, dass er sich umbringen werde, wenn ich mich wirklich trennen würde. Ich konnte das alles nicht ernst nehmen. Es wirkte irgendwie nicht echt auf mich. Danach gingen wir uns so gut es ging aus dem Weg. Auf jeden Fall redeten wir nicht mehr miteinander. Er schrieb mir aber täglich Nachrichten und legte manchmal Blumen oder kleine Geschenke vor unsere Haustür.

Ein paar Monate später hatte ich mit dem Mädchen aus der Nachbarklasse dann doch eine Beziehung. Sie war lesbisch. Da wir aber in einer kleinen Stadt lebten, wollte sie nicht, dass jemand von unserer Beziehung erfährt. Sie erklärte mir, dass sie große Angst vor der Reaktion ihrer Eltern hätte. Wir trafen uns daher meistens bei mir zu Hause.

Irgendwann lag vor unserer Haustür ein benutztes Kondom. Es war richtig ekelig. Gleichzeitig bekam ich immer wieder Anrufe mit einer unbekannten Nummer. Meistens wurde sofort aufgelegt, manchmal stöhnte auch jemand. Ich hatte natürlich sofort einen Verdacht, konnte aber nichts beweisen. Anrufe mit unbekannter Nummer habe ich dann sofort blockiert. Es nützte aber nichts. Per E-Mail bekam ich pornografische Bilder zugesandt, mit sehr üblen Bemerkungen.

Ein paar Wochen später teilte meine Freundin mir per WhatsApp mit, dass sie nichts mehr mit mir zu tun haben wolle. Es sei unglaublich gemein von mir, dass ich ihre Eltern über ihre sexuelle Orientierung informiert habe. Ich war völlig überrascht und wusste von nichts. Später stellte sich heraus, dass mein Ex-Freund heimlich meine digitalen Adressbücher und Passwörter kopiert hatte. Er hatte unseren Chatverlauf und unsere E-Mails teilweise verfolgen können und diese öffentlich gemacht. Das hatten dann auch die Eltern meiner Freundin erfahren. Sie hatte einen schweren Suizidversuch unternommen und musste lange in einer Psychiatrie behandelt werden. Die Eltern gaben mir die Schuld an der Situation ihrer Tochter. Das hat mich sehr belastet.

Für mich gingen die Nachstellungen immer weiter. Ich war so angespannt, dass ich begonnen habe, mich zu ritzen. Eines Abends fuhr ich mit dem Fahrrad vom Fußballtraining nach Hause. Ich muss immer durch ein kleines Waldstück fahren. Hier warteten mein Ex und ein Freund von ihm auf mich. Sie traten gegen mein Fahrrad und bedrohten mich. Ich glaube, sie hätten versucht, mich zu verprügeln oder Schlimmeres. Aber zufällig kam ein Spaziergänger mit seinem Hund vorbei. Die beiden sind dann weggelaufen.

Meine Eltern haben sofort Strafanzeige erstattet, als ich ihnen alles erzählt hatte. Sie meinten aber auch, dass ich alles schon viel früher hätte erzählen sollen. Die Polizistin, die mich damals befragt hatte, war sehr freundlich und einfühlsam. Sie sagte mir, dass Stalking nach dem Ende von Beziehungen immer wieder vorkommt. Die Staatsanwaltschaft hatte das Verfahren nach mehreren Monaten aber eingestellt. Es habe keine hinreichenden Beweise gegeben. Ich hatte nicht das Gefühl, dass mein Stalking und der Überfall wirklich ernst genommen wurden.

In der Schule wurde ich danach von allen gemieden. Ich glaube, dass alle mir die Schuld gaben, dass es meiner Freundin so schlecht ging. Das Ritzen wurde in der Folge immer stärker. Zum Schluss waren die Schnitte so tief, dass ich mehrmals in der Notaufnahme unseres Krankenhauses behandelt werden musste. Aufgrund meiner Probleme bin ich freiwillig in ein psychiatrisches Krankenhaus gegangen. Mithilfe des Jugendamtes habe ich dann den Platz in der

WG in Berlin gefunden. Die Psychotherapie hilft bisher ein wenig. Ich habe große Schuldgefühle wegen des anderen Mädchens, weil ich damals zu sorglos mit meinem Handy umgegangen bin. Ich weiß bis heute nicht, wie es ihr geht. Das belastet mich sehr.«

Neben vielen anderen Aspekten der Persönlichkeitsentwicklung im Jugendalter ist die sexuelle Orientierung von großer Bedeutung. In diesem Alter ist sie noch sehr fragil und mit vielen Unsicherheiten verbunden – egal ob jemand hetero-, homo-, pan-, bi- oder asexuell lebt. Jeder Mensch hat seine eigenen Vorlieben, Empfindungen und Wünsche. Und in Beziehungen ist es manchmal so, dass die Bedürfnisse der jeweiligen Partner sich nicht decken und die wechselseitigen Wünsche und Erwartungen nicht erfüllt werden können. Das ist bei Jugendlichen nicht anders als bei uns Erwachsenen.

Doch im Jugendalter können aus unerfüllten Erwartungen schnell Enttäuschungen und Kränkungen werden. Und das kann, wie wir bei Leon sehen, fatale Folgen haben. Bei ihm kamen außerdem noch Schuldgefühle hinzu. Nicht nur er hatte die Konsequenzen zu tragen, sondern auch seine Freundin. Die Kombination aus der Psychotherapie mit der medikamentösen antidepressiven Behandlung schien Leon zunächst zu entlasten. Das selbstverletzende Verhalten ging zurück, auch die Stimmung besserte sich. Leon hatte aber noch lange mit seinen Schuldgefühlen zu kämpfen.

Tipps und Maßnahmen gegen Stalking

Es ist wichtig, Kindern und Jugendlichen zu verdeutlichen, dass das Stalking keine Sache ist, die »einfach mal passiert« – und dass wie beim Mobbing grundsätzlich jeder Mensch von Stalking betroffen sein kann. Dass Stalking strafbar ist, schwerwiegende seelische Folgen hat und den Alltag der Betroffenen erheblich beeinträchtigt, sollten Eltern ebenfalls mit ihren Kindern besprechen. Täglich mit dem Gefühl, bedroht und verfolgt zu werden, aus dem Haus zu gehen, bedeutet einen erheblichen psychischen und physischen Stress.

Die Geschichten von Leon und Timo zeigen, dass Stalking nicht von allein aufhört. Daher ist es wichtig, so schnell wie möglich Maßnahmen dagegen einzuleiten. Die folgende Übersicht zeigt, was zu tun ist:

DOs für Eltern

» Ihr Kind sollte den Kontakt zum Täter sofort komplett abbrechen.
» Informieren Sie Ihr soziales Umfeld.
» Führen Sie ein Stalking-Tagebuch: *Wer? Wo? Wie? Wann? Wie oft? Warum?*
» Archivieren Sie Anrufe, Textnachrichten und E-Mails.
» Holen Sie sich von Anfang an juristischen Beistand und stellen Sie ggf. Strafanzeige.
» Wenn seelische Symptome bei Ihrem Kind durch das Stalking bestehen, lassen Sie diese unbedingt fachärztlich abklären.

Eltern sollten frühzeitig auf verändertes Verhalten reagieren (s. Anhang: Checkliste für Eltern). Es ist immer sinnvoll, zunächst das Gespräch mit dem Kind zu suchen und alle Informationen in einem Stalking-Tagebuch festzuhalten.

Sollte sich der Verdacht erhärten, ist es wichtig, dass das persönliche Umfeld – Familie, Freunde, Nachbarn – über das Stalking in

Kenntnis gesetzt wird. Eltern sollten nicht versuchen, mit den Tätern und Täterinnen zu sprechen, um sie zu überzeugen. Die Erfahrungen zeigen, dass Täter nur in seltenen Fällen dadurch ihre Handlungen stoppen. Der Kontakt zum Täter – wenn er bekannt ist – sollte komplett abgebrochen werden.

Gleichzeitig ist es ratsam, einen Anwalt einzuschalten, um sich juristischen Beistand einzuholen und in Rücksprache mit diesem gegebenenfalls Strafanzeige zu stellen. Textnachrichten und Anrufe sollten unbedingt als Screenshots archiviert werden, mögliche Geschenke sollten nicht geöffnet werden. Telefonanrufe mit Datum und Uhrzeit können für polizeiliche Ermittlungen bei den Anbietern abgerufen werden. Der Verein »WEISSER RING« hat dafür eine hilfreiche App entwickelt: Die NO STALK App (siehe Anhang). Mit der App können die Handlungen der Täter mit dem Smartphone zunächst gesichert und dokumentiert werden. Später können sie im Rahmen einer Anklage oder eines möglichen Gerichtsverfahrens problemlos wieder abgerufen werden.

Diese Maßnahmen gegen Stalking mögen sehr hart wirken, verdeutlichen aber die strafrechtliche Dimension des Stalkings (mehr dazu im folgenden Kapitel). Das Wichtigste ist, Kinder und Jugendliche vor seelischen Auswirkungen durch das Stalken zu schützen. Wenn Eltern bereits psychische Symptome wie zum Beispiel Ängste oder Traurigkeit, aber auch Aggressivität bis hin zu selbstverletzendem Verhalten bei ihrem Kind bemerken, sollten sie unbedingt eine fachärztliche Abklärung veranlassen. Alle kinder- und jugendpsychiatrischen Praxen bieten Notfallsprechstunden an, um möglichst schnell eine erste Abklärung der bestehenden Symptome einzuleiten und vor allem die Betroffenen durch geeignete Maßnahmen zu entlasten. Das kann ein Krisengespräch sein, aber auch eine Information über geeignete Hilfsmaßnahmen.

Auf einen Blick

- Stalking von Jugendlichen ist ein zunehmendes und ernsthaftes gesamtgesellschaftliches Problem.
- Stalking unter Jugendlichen ist stärker verbreitet als unter Erwachsenen.
- Die Hauptgruppe der Täter und Täterinnen steht in enger Beziehung zu den Betroffenen.
- Übergänge zwischen Stalking und Mobbing sind in der Art und Konsequenz der Handlungen oft fließend.
- Folgen können Ängste und Depressionen, aber auch ein vermehrter Drogen- und Alkoholkonsum sein.
- Bei den Tätern und Täterinnen werden gehäuft Persönlichkeitsmerkmale gefunden, die mit einer leichten Kränkbarkeit einhergehen.
- Konsequentes Handeln ist unbedingt notwendig.

KAPITEL 8

Mobbing und Recht – Ist das strafbar?

In meinen Gesprächen mit den Familien in der Praxis erlebe ich immer wieder, dass vielen die strafrechtliche Seite des Mobbings nicht bewusst ist. Auch scheuen viele Betroffene eine Strafanzeige, weil sie sich oft nicht ernst genommen fühlen und ihnen Unterstützung fehlt – oder sie haben das Gefühl, die Vorwürfe nicht genügend beweisen zu können. Daher befassen wir uns in diesem Kapitel mit der wichtigen Frage: Ab wann sind Mobbing und Stalking unter Kindern und Jugendlichen strafbare Handlungen? Um diese Frage beantworten zu können, ist ein Blick in das deutsche Strafrecht notwendig.

»Erziehung vor Strafe«

Kinder und Jugendliche werden im Strafrecht nicht wie Erwachsene behandelt. Für sie gilt das sogenannte Jugendgerichtsgesetz (JGG),[1] das den Kerngedanken »Erziehung vor Strafe«[2] – im Gegensatz zum Erwachsenenstrafrecht – verfolgt. Dahinter steht die Auffassung, dass das Begehen von Straftaten oft auf Probleme in der Reifungsentwicklung zurückzuführen ist. Bei geeigneten pädagogischen Maßnahmen wird eine Nachreifung erwartet, die die Wahrscheinlichkeit, dass ein Jugendlicher weitere Straftaten begeht, verringert.

Unter die Regelungen des JGG fallen alle Jugendlichen, die das 14. Lebensjahr vollendet, das 18. Lebensjahr aber noch nicht erreicht haben. Im ersten Schritt wird geklärt, ob der oder die angeklagten Jugendlichen »zur Zeit der ihnen vorgeworfenen Tat in der sittlichen und geistigen Entwicklung reif genug sind, das Unrecht der Tat einzusehen« (§ 3 JGG).

Ist das nicht der Fall, können dafür unterschiedliche Gründe vorliegen, wie zum Beispiel eine geistige Behinderung oder eine schwere psychische Erkrankung, die die Entwicklung verzögert. Ein anderer möglicher Grund ist die sogenannte psychosoziale Vernachlässigung. Davon betroffene Kinder und Jugendliche zeigen erhebliche Einschränkungen in ihrer sozialen und psychischen Entwicklung, die sie ohne professionelle Hilfe nur schwer wieder aufholen können. Dadurch reagieren sie nicht altersgemäß und erfassen nur eingeschränkt die Tragweite ihres Handelns. Hintergrund dieser Probleme ist ein mangelnder Erziehungswillen oder eine eingeschränkte Erziehungsfähigkeit der Eltern, zum Beispiel durch eine Suchterkrankung.

Wird eine solche Reifeverzögerung festgestellt, liegt – wie bei allen anderen Kindern unter 14 Jahren – keine Strafmündigkeit vor. In einem solchen Fall kann aber ein Jugendgericht ähnliche Maßnahmen ergreifen wie ein Familiengericht. Dann geht es darum, ob die Eltern ihrer Aufsichtspflicht nicht angemessen nachgekommen sind. Greifen die Eltern der Täter und Täterinnen nicht ein, um das Mobbing oder Stalking zu unterbinden, stellt sich letztlich die Frage nach der Erziehungsfähigkeit der Eltern. Eine mangelnde Erziehungsfähigkeit kann zum Beispiel vorliegen, wenn die Eltern dem Handeln ihrer Kinder gleichgültig gegenüberstehen. Es kommt auch vor, dass Eltern ihre Kinder dazu animieren, strafbare Handlungen zu begehen. In solchen Fällen geht man juristisch von einer Kindeswohlgefährdung aus. In letzter Konsequenz kann das zu einem Entzug des Sorgerechts führen. Zumindest aber wird das zuständige Jugendamt eingeschaltet, um weitere erzieherische Maßnahmen einzuleiten.

Für Heranwachsende zwischen dem 18. und dem 21. Lebensjahr kann das JGG ebenfalls Anwendung finden. Auch hier hängt die Bewertung der Straftat vom Alter der Heranwachsenden zum Tatzeitpunkt sowie vom jeweiligen emotionalen und sozialen Entwicklungsstand ab. Wird der Heranwachsende als strafmündig eingestuft, geht es im nächsten Schritt darum, ob die rechtswidrige Tat als Vergehen oder gar als Verbrechen gewertet wird und wann sie verjährt. Handelt es sich um ein Verbrechen, droht dem Heranwachsenden mindestens ein Jahr Freiheitsentzug. Handelt es sich um ein Vergehen, wird der Heranwachsende mit einer Geldstrafe oder einer Freiheitsstrafe von unter einem Jahr belangt. Die Anklagen richten sich dabei nach den Vorschriften des allgemeinen Strafrechts (StGB).[3]

Die zuständigen Gerichte müssen bei ihren Urteilen immer bedenken, dass sich die verhängte Jugendstrafe positiv auf die zukünftige Entwicklung des Jugendlichen auswirkt. Je nach Einschätzung der Schwere und der Hintergründe der Straftat sowie der psychischen Verfassung der Jugendlichen gibt es unterschiedliche Möglichkeiten der Bestrafung: gemeinnützige Arbeitsstunden oder ein Wochenendarrest sind eher milde Strafen. Urteile, die zur Bewährung ausgesetzt werden, geben den Tätern und Täterinnen die Möglichkeit, ihr Verhalten außerhalb einer Jugendstrafvollzugsanstalt zu verändern. Ist ein jugendlicher Täter psychisch krank, kann auch die Unterbringung und Behandlung in einem psychiatrischen Krankenhaus angeordnet werden. Die Entwicklung der Jugendlichen spielt also bei der Bewertung einer Straftat eine entscheidende Rolle.

Damit das zuständige Gericht diese Entwicklung möglichst genau beurteilen kann, ist in einem Strafverfahren gegen Jugendliche immer auch die Jugendgerichtshilfe beteiligt. Ihre Aufgabe ist es, im Gespräch mit den Angeklagten und deren Familien Informationen über die Persönlichkeit und die familiären und sozialen Hintergründe zu erheben und dem Gericht zur Verfügung zu stellen. Gibt es Hinweise darauf, dass der Jugendliche möglicherweise zum Tatzeitpunkt psychisch krank gewesen ist, werden Fachärzte mit einer Zusatzqualifikation zur forensischen Begutachtung mit der Untersuchung des Jugendlichen beauftragt. Auch diese Informationen, die grundsätzlich in einem Gerichtsverfahren nochmals mündlich erläutert werden müssen, fließen in das verhängte Urteil ein.

Jugendkriminalität

Strafrechtlich relevantes Verhalten ist im Jugendalter grundsätzlich keine Seltenheit. Im Jahr 2020 wurden rund 30 Prozent aller Gewaltdelikte (Körperverletzung) durch Personen unter 21 Jahren begangen.[4] Andere typische Delikte sind Sachbeschädigungen und Diebstähle. Während jugendliche Kriminalität in den letzten Jahren im Allgemeinen rückläufig ist, findet sich durch die zunehmende Nutzung digitaler Medien in diesem Bereich in den letzten Jahren eine deutliche Zunahme sogenannter medienassoziierter Straftaten. Dazu gehört auch Cybermobbing.

Mobbing als Straftat

Mobbing und Stalking sind keine »Kavaliersdelikte« oder einfach nur Spaß, wie viele Täter immer wieder behaupten. Es sind ernst zu nehmende Formen der physischen und psychischen Gewaltausübung – und können als solche strafbar sein. Welchen Straftatbestand Mobbing und Stalking tatsächlich erfüllen, hängt vom Einzelfall ab. Weil Mobbing kein eigener Straftatbestand ist, kommt es auf die Art des Mobbings an. Häufig treten verschiedene Formen des Mobbings in Kombination auf, zum Beispiel Mobbing auf dem Schulhof und gleichzeitig im Internet.

Die nach wie vor häufigste Form des Mobbings ist die direkte Gewaltausübung. Die eigene körperliche Überlegenheit, allein oder in der Gruppe, wird gegen das vermeintlich schwächere Opfer ausgeübt. Beispiele im Strafgesetzbuch hierfür sind:

» Körperverletzung
» (Sexuelle) Nötigung
» Bedrohung
» Diebstahl
» Erpressung
» Sachbeschädigung

Wie bereits beschrieben geht Mobbing nicht immer mit körperlicher Gewalt einher. Manchmal beschränken sich die Täter auf Beschimpfungen und Beleidigungen. Sie verbreiten Gerüchte, Lügen und Unwahrheiten, um damit den Ruf des Opfers zu schädigen und es gezielt herabzusetzen. Regelmäßig berichten Kinder und Jugendliche in meiner Praxis darüber, dass sie rassistisch angefeindet werden oder aufgrund ihrer Religion oder ihrer sexuellen Präferenz. Auch diese Handlungen sind strafbar:

» Beleidigung
» Üble Nachrede
» Verleumdung

Das »Facebook-Gesetz«

Um die Rechtsdurchsetzung in sozialen Netzwerken zu verbessern, ist seit dem 1. Oktober 2017 das sogenannte Netzwerkdurchsetzungsgesetz (NetzDG) in Kraft, umgangssprachlich auch »Facebook-Gesetz« genannt.[5] Das Gesetz zielt darauf, Hasskriminalität, strafbare Falschnachrichten und andere strafbare Inhalte auf den Plattformen sozialer Netzwerke wirksamer zu bekämpfen. Um die sozialen Netzwerke zu einer zügigeren und umfassenderen Bearbeitung von Beschwerden anzuhalten, wurden mit dem NetzDG Regeln für Anbieter sozialer Netzwerke über den Umgang mit Hasskriminalität und anderen strafbaren Inhalten eingeführt, z. B. Vorgaben für ein Beschwerdemanagement. Verstöße gegen diese Pflichten werden mit Bußgeldern geahndet.

Der Leipziger Rechtsprofessor Marc Liesching untersuchte die Auswirkungen des Gesetzes[6], das von Beginn an heftig kritisiert wurde. Liesching kam zu dem Schluss, dass das NetzDG fast keinen unmittelbaren Regulierungseffekt bei den global agierenden sozialen Netzwerken Facebook, YouTube und Twitter hat. Die meisten Inhalte werden laut Liesching von den sozialen Netzwerken »aufgrund ihrer eigenen Community-Standards geprüft und entfernt, nicht jedoch wegen des NetzDG«. Das NetzDG gälte ohnehin nur für Inhalte, von denen die sozialen Netzwerke auf Beschwerde hin erfahren. Während also Facebook z. B. im zweiten Halbjahr 2020 allein im Bereich »Hassrede« 49 Millionen Inhalte aufgrund eines Verstoßes gegen die eigenen Richtlinien entfernt habe, wurden im gleichen Zeitraum lediglich 154 Inhalte infolge von NetzDG-Beschwerden gelöscht. Die Ergebnisse zeigen, dass zur Verhinderung von Cybermobbing und Cyberstalking noch viel zu tun bleibt und es wenig hilft, darauf zu hoffen, dass Kommentare von allein gelöscht werden.

In diesen Bereich fällt auch das Cybermobbing. Hinzu kommt: Verbreiten Täter zum Beispiel Gewaltvideos, machen sie sich zusätzlich wegen Gewaltdarstellung strafbar. Denn die unerlaubte Veröffentlichung von Ton- und/oder Bildaufnahmen der Mobbing-Opfer verletzt die Vertraulichkeit des Wortes bzw. des persönlichen Lebensbereichs.

Beim Stalking nehmen die Täter und Täterinnen täglich, wöchentlich oder über Monate hinweg Kontakt zu ihren Opfern auf, um sie zu belästigen oder sie zu tyrannisieren. Dabei handelt es sich um den Straftatbestand »Nachstellung«. Zur Beweissicherung kann die Polizei in diesem Fall beispielsweise Smartphones und Laptops beschlagnahmen.

Kommt es »nur« zu einer psychischen Gewaltausübung gegen das Opfer, ist der Nachweis einer strafrechtlich relevanten Tat ungleich schwerer. Hier wird vom Bundesgerichtshof verlangt, »dass der Täter durch sein Handeln (Mobbing) einen pathologischen, somatisch-objektivierbaren Zustand hervorruft, der vom Normalzustand nachteilig abweicht«.[7] Es reicht also nicht aus, wenn der Betroffene angibt, durch das Mobbing oder Stalking ängstlicher, emotional angespannter oder belasteter zu sein. Zeigt sich aber, dass sich in der Folge zum Beispiel eine Angsterkrankung oder eine Depression entwickelt hat, liegen die Voraussetzungen, um gegen das Stalking rechtlich vorzugehen, vor. Eine fachärztliche Abklärung einer möglichen psychischen Erkrankung mit ausführlicher schriftlicher Dokumentation (Arztbrief) sollte daher unbedingt erfolgen, wenn psychische Symptome als Folge des Mobbings oder Stalkings auftreten.

Zivilrechtliche Maßnahmen

Auch wenn Kinder unter 14 Jahren nicht strafmündig sind, gibt es die Möglichkeit, sie zivilrechtlich zu belangen, wenn sie andere mobben. Das gilt insbesondere für das Cybermobbing. Hier kommen zum Beispiel folgende Maßnahmen in Betracht:

- » kostenpflichtige Abmahnung, wobei das mobbende Kind bzw. dessen Eltern die Anwaltskosten tragen müssen und sich verpflichten, derartige Handlungen zukünftig zu unterlassen
- » Vertragsstrafe und ggf. Unterlassungsklage bei wiederholten Taten trotz vorangegangener Abmahnung
- » Schadensersatz bei Mobbing und Schmerzensgeld, wenn das Opfer gesundheitliche Schäden davonträgt

Minderjährige können also selbst dann belangt werden, wenn ihnen die nötige Fähigkeit zur Einsicht fehlt. In einem wichtigen Urteil zu diesem Thema wurde ein 13-jähriger Junge dazu verurteilt, 1 500 Euro Schmerzensgeld zu zahlen.[8]

Über Facebook hatte der Junge so massive Anfeindungen und Beleidigungen gegen einen Mitschüler gepostet, dass dieser sich einer stationären Psychotherapie unterziehen musste. Der Mitschüler hatte sich zu dem Zeitpunkt bereits in psychotherapeutischer Behandlung befunden. Um seinen Mitschüler zu schikanieren, hatte der 13-Jährige ein Fake-Account unter dem Namen des Opfers erstellt.

Viele Klassenkameraden hatten von diesem Profil gewusst. Zwar war dieser Account nach entsprechender Beschwerde geschlossen worden, der 13-jährige Junge hatte aber die Beleidigungen über den Facebook-Account eines Mädchens fortgesetzt. Die Eltern des Jungen waren zu einer Kooperation zur Aufklärung der Situation zunächst nicht bereit gewesen und verweigerten die Unterzeichnung einer Unterlassungserklärung.

So kam es zu dem Urteil. Zwar kann ein Minderjähriger angeben, nicht so viel Geld zu besitzen. Ein ergangenes und rechtsgültiges Urteil kann jedoch über einen Zeitraum von 30 Jahren vollstreckt werden.

Manchmal reicht jedoch schon die bloße Androhung aus, rechtliche Schritte einzuleiten, um das Mobbing zu stoppen. Die rechtliche Seite sollte daher Teil jeder Beratung zum Mobbing sein. In vielen Städten finden sich mittlerweile Kanzleien, die sich auf die Aufarbeitung von Mobbing und Stalking spezialisiert haben. Ob immer eine juristische Beratung notwendig ist und wann der »richtige« Zeitpunkt hierfür gekommen ist, lässt sich natürlich nur im Einzelfall klären.

Für Mobbing in der Schule gilt das zum Beispiel, wenn die Angriffe fortgesetzt werden, obwohl die Verantwortlichen – Schulleiterin, Lehrkräfte, Schulaufsicht – eingegriffen haben. Da Cybermobbing und Cyberstalking oft durch die schnelle Verbreitung große Gruppen erreicht, sollte hier auf jeden Fall eine juristische Beratung erfolgen. Treten Anfeindungen und Mobbing in der Familie auf und greifen die Eltern nicht ein, kann hier eine Kindeswohlgefährdung vorliegen. Dann ist das Eingreifen des zuständigen Jugendamtes zwingend notwendig.

Auf einen Blick

- » Mobbing und Stalking können strafbar sein. Die Strafbarkeit muss je nach Einzelfall überprüft werden.
- » Es gibt im deutschen Strafrecht keinen eigenen Tatbestand für Mobbing.
- » Kinder unter 14 Jahren können strafrechtlich nicht belangt werden.
- » Für Jugendliche über 14 Jahren gilt das Jugendgerichtsgesetz (JGG).
- » Die juristische Bewertung erfolgt nach dem Strafgesetzbuch (StGB).
- » Insbesondere körperliche und seelische Folgen müssen unbedingt medizinisch nachgewiesen und gut dokumentiert werden (Arztbrief).
- » Mobbing kann auch zivilrechtlich belangt werden.

KAPITEL 9

Mobbing und Resilienz – Was stärkt Kinder und Jugendliche?

Cybermobbing, Mobbing auf dem Schulhof und in der Familie sowie Stalking sind ernst zu nehmende Probleme unter Kindern und Jugendlichen, wie der Stand der Forschung zu diesem Thema eindrücklich zeigt. Fortgesetztes Mobbing und Stalking können langfristig psychische, physische und soziale Auswirkungen für die betroffenen Kinder und Jugendlichen haben. Die Folgen sind wie bereits gesagt nicht selten noch bis in das Erwachsenenalter zu spüren.

Auch wenn Mobbing auf dem Schulhof zurückzugehen scheint, die Übergänge einzelner Formen des Mobbings sind fließend. Angesichts der Zunahme der digitalen Kommunikation in einem immer früheren Alter unserer Kinder stellt sich die Frage, ob der zu beobachtende Rückgang des Mobbings auf dem Schulhof nur eine Verschiebung in den digitalen Raum darstellt. Die deutliche Zunahme von Hate Speech im Internet weist darauf hin. Und bisher sind alle Versuche, diese Entwicklung zu stoppen, gescheitert. Ganz im Gegenteil, die Hemmschwelle der Täter und Täterinnen im Internet scheint immer weiter zu sinken.[1]

Dieser Entwicklung muss man als Eltern jedoch nicht hilflos gegenüberstehen – egal, ob ich als Mutter oder Vater mein Kind präventiv informieren oder es vor weiterem Mobbing schützen möchte. Nachdem wir uns in den vorherigen Kapiteln mit den Möglichkeiten beschäftigt haben, sich gegen Mobbing und Stalking in der Schule, im Internet sowie in der Familie zu wehren und dabei auch die strafrechtliche Seite des Mobbings beleuchtet haben, geht es in diesem Kapitel um die Bedeutung von Resilienz. Denn sie hilft unseren Kindern dabei, mit belastenden Situationen umzugehen.

Wertschätzung und emotionale Zuwendung

Aus den vorherigen Kapiteln wissen wir: Es gibt keine »mobbingspezifischen« Persönlichkeiten. Grundsätzlich kann jedes Kind und jeder Jugendliche Opfer von Mobbing und Stalking werden. Das eigene Risiko und die möglichen Folgen hängen dabei nicht nur vom gesellschaftlichen Umgang mit Mobbing, sondern auch von den Persönlichkeitseigenschaften und der individuellen Widerstandsfähigkeit – Resilienz – ab.

Definition: Resilienz

Resilienz ist keine feste Größe, die von Geburt an besteht. Resilienz beschreibt vielmehr die Fähigkeit eines Menschen, seine seelische Gesundheit in belastenden Situationen aufrechtzuerhalten beziehungsweise danach schnell wiederherzustellen.

In der Resilienzforschung wird ein besonderes Augenmerk auf die sogenannten Schutzfaktoren gelegt, die eine gesunde und stabile psychische Entwicklung unserer Kinder unterstützen. Der Phase der frühen Kindheit bis in das Grundschulalter kommt hierbei eine entscheidende Bedeutung zu. In dieser Zeit können Eltern die Schutzfaktoren ihrer Kinder am stärksten beeinflussen.

Weil Resilienz mit Lernerfahrung verbunden ist, brauchen Kinder von Anfang an die Unterstützung durch ihr persönliches Umfeld. Bereits in sehr frühem Alter beruht das soziale Lernen unserer Kinder zu einem erheblichen Teil auf der Beobachtung des Verhaltens der Eltern. Werden die Kinder älter, wird die Vorbildfunktion von Erziehern, Lehrerinnen und anderen Bezugspersonen, die sie umgeben, immer wichtiger. Es ist im Verlauf der Entwicklung zunehmend weniger entscheidend, zu wem Beziehungen bestehen, als vielmehr, wie diese Beziehungen gestaltet sind.

Der wichtigste Schutzfaktor ist eine stabile, wertschätzende und emotional zugewandte Beziehung zu einer erwachsenen Bezugsperson. Hier stehen Eltern von der Säuglingsphase bis in das frühe Erwachsenenalter an erster Stelle. Sensibilität für die Bedürfnisse des Kindes sowie die Vermittlung von Sicherheit durch Verlässlichkeit der Betreuung legen schon früh die Grundlagen für ein sicheres Bindungsverhalten und damit die Fähigkeit des Kindes, aktiv seine soziale Umwelt zu erkunden.

Die Entwicklung sozialer Kompetenzen ermöglicht dem Kind, altersabhängig soziale Situationen einzuschätzen, sich selbst zu behaupten und auf andere Menschen aktiv und empathisch zuzugehen. Ist die Wahrnehmung der eigenen Gefühle gut ausgeprägt, können diese besser reguliert und beeinflusst werden. Man ist seinen Gefühlen nicht »ausgeliefert«. Und eine gut ausgeprägte Fremdwahrnehmung hilft, die Absichten anderer zu erkennen und einzuordnen.

Ermutigung und Verlässlichkeit

Unsere Kinder werden bei positiven Lernerfahrungen zunehmend zu aktiven Gestaltern ihres eigenen Lebens. Sie entwickeln ein grundlegendes Vertrauen in die eigenen Fähigkeiten, auftretende Probleme durch eigenes Handeln lösen zu können. Sie erfahren sich damit als selbstwirksam und erweitern ihre Fähigkeiten zur Problemlösung. Wir alle erleben belastende oder herausfordernde Situationen auf unterschiedliche Weise – und gehen dementsprechend unterschiedlich mit ihnen um. Eltern können ihre Kinder aktiv dabei unterstützen, solche Situationen angemessen einzuschätzen, indem sie die Kinder dazu ermuntern, die eigenen Fähigkeiten aktiv und wirksam zur Lösung einzusetzen. Zum Umgang mit schwierigen Situationen gehört, die eigenen Fähigkeiten und Grenzen zu erkennen und sich gegebenenfalls Unterstützung durch Bezugspersonen zu holen.

In der Erziehung sollten die Grundbedürfnisse der Kinder gestärkt werden, indem Eltern Verlässlichkeit in ihrem Beziehungsverhalten signalisieren. Es ist wichtig, dem Kind altersangemessen die Möglichkeit zu geben, seine soziale Umgebung zu erkunden und sich auftretenden Problemen zu stellen. Ein Kind braucht immer wieder Gelegenheiten, aktiv und eigenständig seine Umwelt zu erkunden und sich auszuprobieren. Das fängt bereits im Kleinkindalter an. Durch Klettern, Rennen und Springen entwickeln unsere Kinder ihre motorischen Fertigkeiten.

Das bringt natürlich die Gefahr mit sich, dass das Kind fällt, sich stößt oder den höchsten Punkt des Klettergerüsts auf dem Spielplatz erklimmt, aber nicht alleine wieder herunterkommt. Verhindern Eltern ständig das Ausprobieren aus einer Übervorsicht heraus, wird sich das Kind immer weniger zutrauen. Zur Entwicklung von Problemlösefähigkeiten gehört aber, dass Kinder Fehler machen und scheitern. Dann ist Ermutigung und Zuwendung nötig, um das Vertrauen in die eigenen Fähigkeiten weiterzuentwickeln. Regelübertretungen, Misserfolge und Fehler gehören zu einer normalen Entwicklung dazu. Eltern müssen hier Verlässlichkeit zeigen, indem sie ihrem Kind in solchen Fällen verzeihen. Denn wenn eine klare und emotional wertschätzende Vermittlung der eigenen Grenzen erfolgt, wird das Kind das nächste Problem eigenständiger lösen.

Die gemachten Erfahrungen helfen Kindern und später Jugendlichen dabei, beginnendes Mobbing schneller zu erkennen und frühzeitig Strategien zu entwickeln, um es gar nicht erst entstehen zu lassen. Solche Strategien können darin bestehen, sich Hilfe von Freunden oder Freundinnen zu holen. Auch die Fähigkeit, sich verbal schlagfertig zu behaupten, gehört dazu. Dazu muss man keinen Rhetorikkurs besuchen. Meist genügt ein selbstbewusstes Auftreten und die Ankündigung, sich gegebenenfalls Hilfe von Dritten zu holen, wenn die Anfeindungen nicht aufhören.

Schutzfaktoren für Resilienz: So stärken Sie Ihr Kind

» Vermitteln Sie Ihrem Kind ein positives Selbstwertgefühl.
» Fördern Sie die Selbstwirksamkeit Ihres Kindes.
» Ermutigen Sie Ihr Kind, Neues auszuprobieren.
» Zeigen Sie sich stets verlässlich Ihrem Kind gegenüber.
» Verzeihen Sie Fehler und Missgeschicke Ihres Kindes.
» Erklären Sie Ihre Entscheidungen immer nachvollziehbar.
» Leben Sie Ihrem Kind vor, dass es in Ordnung ist, Hilfe von anderen anzunehmen.

Konflikte dürfen also nicht dadurch »gelöst« werden, dass wir Eltern Hindernisse von Anfang an aus dem Weg räumen, um unsere Kinder vor vermeintlichen Gefahren zu schützen. Überbehütung führt dazu, dass Kinder nur bedingt dazu in der Lage sind, eigene Strategien zur Konfliktlösung zu entwickeln. Dann ist die Gefahr groß, dass es Mobbingsituationen nicht wirksam begegnen kann – auch im späteren Alter.

Eltern sollten außerdem bei Konflikten keine auf Macht beruhende Lösung herbeiführen oder ihre Kinder zur Gewaltanwendung bei der Durchsetzung eigener Ziele animieren. Ein klassischer Konflikt ist die regelmäßige Diskussion um die Nutzungsdauer des Smartphones. Mit ziemlicher Sicherheit wird das Kind der Meinung sein, dass die tägliche Nutzungszeit bei Weitem nicht ausreicht und deutlich länger sein sollte. Eltern sind in der Regel der Meinung, dass die Nutzungsdauer verkürzt werden sollte. Setzen die Eltern ihren Willen durch und streichen statt eines Kompromisses die gesamte Nutzungszeit, ohne ihre Gründe dafür zu erklären, wird das Kind diese Entscheidung als willkürlich erleben.

Natürlich müssen Eltern in einem Konflikt auch eindeutige Signale an ihre Kinder senden – und wenn nötig und nicht anders möglich ein »Machtwort« aussprechen. Aber diese Entscheidung muss für das Kind nachvollziehbar sein und in Zusammenhang mit dem jeweiligen Konflikt stehen. Eine positive Verhaltensänderung kann sonst nicht erreicht werden und führt auf Dauer dazu, dass das Kind ebenfalls willkürlich handelt.

Gleiches gilt, wenn Kinder durch die Eltern zur Gewaltanwendung gegen andere Kinder animiert werden. Dass führt zu einer positiven Bewertung aggressiven Verhaltens durch die Kinder. Dann wird die Wahrscheinlichkeit erhöht, dass die Kinder und Jugendlichen in Zukunft ebenfalls zu aggressiven Methoden zur Durchsetzung ihrer Interessen greifen.

Verantwortung und Vertrauen

Die Digitalisierung unserer Gesellschaft hat zur Folge, dass die meisten Kinder in immer jüngerem Alter ihren Eltern in der Nutzung von Smartphones und Tablets mindestens einen Schritt voraus sind. Für sie gehört die Nutzung von TikTok, Instagram und Co. zu ihrem normalen Alltag. Um die Kinder vor möglichem Cybermobbing zu schützen, müssen Eltern nicht jederzeit vollen Zugriff auf die Inhalte und Aktivitäten ihrer Kinder haben. Das führt meist dazu, dass die Kinder und Jugendlichen auf andere Programme ausweichen. Wichtiger ist, dass sich Eltern über die Möglichkeiten der einzelnen Apps bewusst sind und dementsprechend informieren.

Wenn Eltern von Anfang an mit den Kindern über einen verantwortungsvollen Umgang der für das jeweilige Alter geeigneten Apps sprechen, können diese auftretende Gefahren leichter erkennen. Bestehende Altersempfehlungen zur Nutzung unterschiedlicher Programme und Nutzungszeiten sollten von den Eltern ebenfalls konsequent umgesetzt werden. Auch hier gilt: Wenn Kinder und Jugendliche um das Vertrauen ihrer Eltern wissen, werden sie sich ihnen bei auftauchenden Fragen und Problemen schneller anvertrauen.

Auf einen Blick

- Der Umgang mit Mobbing und Stalking hängt auch von den Persönlichkeitseigenschaften und der Widerstandsfähigkeit (Resilienz) ab.
- Der wichtigste Schutzfaktor ist eine stabile, wertschätzende und emotional zugewandte Beziehung zu einer erwachsenen Bezugsperson.
- Die Unterstützung der Grundbedürfnisse von Kindern gelingt, indem Eltern Verlässlichkeit in ihrem Beziehungsverhalten signalisieren.
- Resilienz ist mit Lernerfahrung verbunden, daher brauchen Kinder von Anfang an die Unterstützung durch ihr persönliches Umfeld.
- Die Grundlagen dafür bietet die Vermittlung klarer Wertvorstellungen und Regeln durch die Eltern.
- Soziale Kompetenzen ermöglichen dem Kind, altersabhängig soziale Situationen einzuschätzen, sich selbst zu behaupten und auf andere Menschen aktiv und empathisch zuzugehen.

KAPITEL 10

»Du bist nicht allein« – Ein Kapitel für Kinder und Jugendliche

In der Schule, im Sportverein oder zusammen mit deinen Freundinnen und Freunden – du hast sicher schon einmal über Mobbing, Cybermobbing und vielleicht auch Stalking gesprochen. Ich bin als Arzt auf seelische Erkrankungen bei Kindern und Jugendlichen spezialisiert. Deshalb ist Mobbing und Stalking nicht selten ein Thema, wenn Kinder und Jugendliche mit ihren Eltern zu mir in die Praxis kommen.

Die Begriffe »Mobbing« und »Stalking« werden oft für unterschiedliche Probleme zwischen Kindern und Jugendlichen benutzt. Nicht jeder Streit hat sofort etwas mit Mobbing zu tun. Da auch Eltern unsicher sind, wann ein normaler Konflikt endet und Mobbing beginnt, habe ich dieses Buch geschrieben. In den verschiedenen Kapiteln beschreibe ich, wie man Mobbing und Stalking erkennt und welche Folgen das für die Betroffenen haben kann. Ich erkläre, wie man am besten gegen Mobbing vorgeht. Ich erkläre aber auch, was man lieber nicht tun sollte.

Dieses Kapitel ist für dich geschrieben. Ich hoffe, dass du hier nützliche Informationen findest – egal, ob du selbst von Mobbing betroffen bist oder einem anderen Kind helfen willst. Denn aktiv zu werden, ist der erste wichtige Schritt, um Mobbing zu beenden. Und diesen Schritt machst du gerade.

Der Ort, an dem Mobbing am häufigsten stattfindet, ist deine Schule. Das liegt schon allein daran, dass du dort in einer normalen Schulwoche mehr Zeit verbringst als zu Hause mit deiner Familie. Forscher haben festgestellt, dass in jeder Schulklasse in Deutschland Mobbing vorkommt. Deshalb ist es so wichtig, aktiv gegen Mobbing vorzugehen.

In Deutschland besteht eine Schulpflicht. Das heißt, dass du mindestens zehn Jahre lang eine Schule besuchen musst. Daher wird die Schule auch als eine Art Zwangsgemeinschaft verstanden. In dieser Zeit lernst du viele Mitschüler und Mitschülerinnen sowie Lehrkräfte kennen. Es ist ganz normal, dass du nicht mit jeder und jedem gut auskommst und es ab und zu Streit und Konflikte gibt.

Das liegt unter anderem daran, dass ihr unterschiedliche Vorstellungen und Bedürfnisse habt. Wenn du Respekt vor den Einstellungen und Ansichten deiner Mitmenschen zeigst, darfst du das Gleiche auch von den anderen erwarten. Wenn sich alle daran halten, können alle gut miteinander auskommen. Dass Streit zwischen Kindern normal ist, erlebst du sicherlich auch zu Hause mit deinen Geschwistern. Meist findet ihr dann schon nach kurzer Zeit eine Lösung – wenn ihr euch trotz des Streits gegenseitig respektiert.

Leider erlebe ich es in meinen Gesprächen in der Praxis oft, dass dieser gegenseitige Respekt fehlt. Beleidigungen und Herabsetzungen (Diskriminierungen) wegen der Hautfarbe, des religiösen Glaubens, wegen der Herkunft der Familie kommen leider häufig vor und sind immer wieder Thema. Das verletzt die betroffenen Kinder und Jugendlichen meist sehr und es muss – wie beim Mobbing – schnell dagegen vorgegangen werden. Auch wenn die Auswirkungen solcher Beleidigungen auf die betroffenen Kinder die gleichen sind, ist das noch kein Mobbing.

Denn Mobbing findet über einen längeren Zeitraum wiederholt statt. Wenn du in der Schule oder nach dem Unterricht aber über mehrere Wochen immer wieder geärgert, beleidigt oder ausgegrenzt wirst, muss möglichst schnell geklärt werden, ob Mobbing besteht. Dann ist es wichtig, dass du möglichst schnell Hilfe bekommst, um das Mobbing zu beenden. Nicht selten haben gemobbte Kinder keine Unterstützung durch die anderen Schüler und Schülerinnen in der Klasse. Diese haben vielleicht selbst Angst, gemobbt zu werden. Am besten sprichst du zuerst deine Eltern an. Gemeinsam könnt ihr die nächsten Schritte planen, wie ihr am besten vorgeht. Deine Eltern müssen so schnell wie möglich eine Lehrkraft in deiner Schule ansprechen, der du vertraust. Denn nur mithilfe der Schule kann das Mobbing wirksam beendet werden.

Auch wenn du bemerkst, dass ein anderes Kind in deiner Klasse gemobbt wird, kannst du dem Kind helfen. Die Mobber vertrauen darauf, dass ihr Verhalten nicht entdeckt wird und sie keine Konsequenzen befürchten müssen. Wenn du den Lehrern deine Beobachtungen berichtest, hat das nichts mit Petzen, sondern mit Mut und Hilfsbereitschaft zu tun. Das gilt natürlich nicht nur für die Schule. Auch in deinem Sportverein oder in anderen Gruppen, in denen du dich engagierst, können Diskriminierung und Mobbing vorkommen. Mittlerweise gibt es fast in jedem Sportverein einen sogenannten Antidiskriminierungsbeauftragten, an den du dich wenden kannst. Wichtig ist auf jeden Fall, dass Mobbing so schnell wie möglich angesprochen wird und Hilfe geholt wird.

Da viele meiner Patienten und Patientinnen ihre seelischen Probleme, die sie zu mir geführt haben, in Zusammenhang mit ihren Erfahrungen in der Schule sehen, muss ich klären, worin die Ursachen liegen. Mir fällt in meinen Gesprächen über das Mobbing immer wieder auf, wie schwer es Kindern und Jugendlichen fällt, über ihre Erlebnisse zu sprechen. Das Wort »Mobbing« wird als Schlagwort benutzt, aber die über längere Zeit anhaltenden Anfeindungen zu beschreiben, ist meist deutlich komplizierter. Viele Betroffene sind durch die Mobbing-Erfahrungen sehr verletzt – auch manchmal dann noch, wenn die Ereignisse schon mehrere Jahre zurückliegen. Gleichzeitig berichten die meisten, wie wütend sie über ihre gefühlte Hilflosigkeit waren.

Vielleicht geht es dir ja gerade genauso? Du wirst von deinen Mitschülern ständig geärgert oder bewusst von Aktivitäten ausgeschlossen. Andere lachen, wenn du etwas im Unterricht sagst. Du wirst immer wieder so stark geärgert und vielleicht bedroht, dass du weinen musst oder Angst hast, am nächsten Morgen in die Schule zu gehen. Diese Angst kann dazu führen, dass du zum Beispiel immer wieder Kopf- oder Bauchschmerzen hast. Wenn es dir so geht, musst du schnell klären, ob du gemobbt wirst. Eine Hilfe kann die Checkliste für dich sein, die du am Ende des Buches findest (s. Anhang). Wenn die dort aufgeführten Beschreibungen auf dich zutreffen und schon längere Zeit andauern, solltest du so schnell wie möglich handeln.

Viele Kinder und Jugendliche beschreiben, wie hilflos sie dem Mobbing gegenüberstehen. Sie haben das Gefühl, dass sie von niemandem Unterstützung bekommen. Sie verstehen oft gar nicht, warum ausgerechnet sie vom Mobbing betroffen sind. Von anderen in der Schule oder im Sportverein gemobbt zu werden, kann grundsätzlich alle treffen. Der Grund für das Mobbing liegt nicht in dir selbst, sondern vielmehr beim Mobber. Das können zum Beispiel Neidgefühle sein oder der Versuch, sich bei anderen Kindern auf deine Kosten beliebt zu machen. Mobber versuchen, durch ihre Handlungen Macht auszuüben. Sie wollen bestimmen und den anderen zeigen, dass sie stark sind. Je hilfloser du zu sein scheinst, desto stärker fühlen sich die Mobber.

Mobber suchen sich oft Verbündete, die dich ebenfalls mobben. Einige dieser Kinder haben selbst Angst davor, gemobbt zu werden. Sie denken, dass sie, indem sie selbst mobben, nicht zu Opfern werden. Andere Kinder mischen sich nicht ein. Diese Kinder haben ebenfalls oft Angst, selbst gemobbt zu werden. Natürlich gibt es auch diejenigen, die das alles nicht zu kümmern scheint. Von diesen Kindern wirst du wahrscheinlich auch keine Unterstützung bekommen. Vielleicht gibt es aber Freunde oder Kinder aus anderen Klassen, mit denen du in den Pausen oder auf dem Nachhauseweg zusammen sein kannst. Dann wird es für die Mobber sehr viel schwerer, dich anzugreifen.

Viele gemobbte Kinder und Jugendliche haben die Erfahrung gemacht, dass es wenig hilfreich ist, das Mobbing über sich ergehen zu lassen und es einfach zu ignorieren. Denn damit hört es meistens nicht auf, weil der Mobber denkt, dass du schwach bist. Er wird dich vermutlich umso mehr angreifen. Sich ein Ende des Mobbings durch Süßigkeiten, Geld oder andere Geschenke zu erkaufen, ist auch keine Lösung. Es wird am Ende nur dazu führen, dass immer mehr von dir gefordert wird. Trotzdem: Du bist nicht machtlos. Du bist nicht allein. Du kannst eine Menge tun. Und das solltest du dazu wissen:

Der wichtigste Punkt ist, dass Mobbing fast nie von allein aufhört. Du musst also versuchen, selbst aktiv zu werden. Wenn man sich hilflos und unterlegen fühlt, denkt man schnell, dass man keine Fähigkeiten hat, um erfolgreich gegen das Mobbing vorzugehen. Das stimmt aber nicht. Jeder Mensch geht unterschiedlich mit Problemen um. Wir haben alle Fähigkeiten in uns, die uns jeden Tag dabei helfen, diese Probleme zu lösen. Diese Widerstandsfaktoren nennt man Resilienz. Sie hilft dir dabei, aktiv an Probleme heranzugehen und sie allein oder mithilfe von anderen zu bewältigen. Du hast sicher schon die Erfahrung gemacht, dass es meist leichter ist, Probleme gemeinsam zu lösen. Deshalb solltest du zuerst deine Eltern ansprechen und mit ihnen gemeinsam überlegen, was zu tun ist.

Um möglichst schnell und erfolgreich gegen die Mobber vorgehen zu können, hilft es, wenn du alles aufschreibst, was mit dem Mobbing zu tun hat. Das solltest du wie Eintragungen in ein Tagebuch machen. Wenn es dir möglich ist, versuche, die W-Fragen zu beantworten:

Mobbing-Tagebuch

» **Wer:** Ist es ein einzelnes Kind oder ein einzelner Jugendlicher, der dich mobbt? Oder ist es eine Gruppe? Wenn ja: Kannst du vielleicht einen Anführer oder eine Anführerin benennen?

» **Wo:** Passiert das Mobbing auf dem Schulhof, im Unterricht oder auf deinem Nachhauseweg?

» **Wann:** Notiere die Tage, an denen das Mobbing passiert ist. Ist es z. B. vor, während oder nach dem Unterricht passiert?

» **Wie oft:** Passiert das Mobbing täglich oder nur an bestimmten Tagen?

» **Wie:** Wirst du bedroht, beleidigt, erpresst oder wird schlecht über dich geredet? Werden Gerüchte über dich verbreitet? Erfährst du körperliche Gewalt? Es gibt vielfältige Methoden, wie Mobbing ausgeführt wird.

» **Warum:** Gibt es einen bestimmten Auslöser, an den du dich erinnern kannst, z. B. einen vorangegangenen Streit?

Schreibe all das auf, an das du dich erinnerst. Dabei kommt es nicht darauf an, dass du alles ganz genau und detailliert notierst. Auch muss nicht alles in genauer zeitlicher Reihenfolge geordnet sein.

Deine Erinnerungen dienen als Stütze, sie helfen deinen Eltern und den Lehrern, klar und unmissverständlich mit den Mobbern zu sprechen. Du merkst, dass du diejenige Person bist, auf die es ankommt. Du bist die Person, die durch ihr eigenes Handeln mit Unterstützung viel dafür tun kann, dass das Mobbing aufhört. Und es zeigt dir, dass du nicht hilflos bist, sondern stark.

Wenn das Mobbing im Internet passiert, ist es sehr wichtig, dass du Screenshots von den Nachrichten und Fotos machst. Cybermobbing und Mobbing auf dem Schulhof treten oft gemeinsam auf. Deshalb wirst du vermutlich die Täter im Internet kennen. Speichere die Nachrichten und Fotos in einem eigenen Ordner auf deinem Handy. Bei der Fülle von Fotos, die du wahrscheinlich jeden Tag machst und bekommst, findest du sie auf diese Weise schnell wieder.

Digitale Nachrichten haben immer eine Zeitangabe. Diese solltest du ebenfalls aufschreiben, damit du weißt, wann Nachrichten oder Fotos gesendet wurden. Gleiches gilt für die Telefonanrufe. Cybermobbing und Stalking können schwere Straftaten sein. Deshalb ist eine genaue Dokumentation wichtig, um erfolgreich vorgehen zu können.

Wenn du all diese Dinge erledigt hast, sind du und deine Familie einen sehr großen Schritt weitergekommen, um das Mobbing zu beenden. Jetzt haben deine Eltern die Aufgabe, zu handeln. Durch dein Mobbing-Tagebuch sind sie bestens auf das Gespräch vorbereitet. Insbesondere wenn du noch jünger bist, sollten deine Eltern das Gespräch zunächst allein mit den Lehrern führen. Es wird dann sicherlich einige Tage dauern, bis sich etwas verändert. Zunächst müssen die Lehrer deinen Informationen nachgehen und mit allen Beteiligten sprechen. In der Regel wird dann aber das Mobbing sehr schnell aufhören, da die Mobber bei Wiederholung mit Sicherheit deutliche Konsequenzen (z. B. einen Schulverweis) zu befürchten haben.

Du siehst, dass du viel erreichen und dich erfolgreich gegen das Mobbing wehren kannst. Du bist in einer viel stärkeren Position, als du glaubst. Trotzdem ist es immer wichtig, sich Hilfe zu holen. Gemeinsam kann man das Mobbing schneller beenden. Wenn du Fragen zu diesem Kapitel hast, besprich sie mit deinen Eltern. Auch sie haben in den anderen Kapiteln viel darüber erfahren, wie sie wirksam gegen Mobbing vorgehen können. Ich hoffe, dass dir die Informationen in diesem Kapitel weiterhelfen und du dich so wirksam wehren oder anderen helfen kannst. Du bist stark genug.

Auf einen Blick

» Mobbing und Stalking enden niemals von allein.
» Du bist nicht dafür verantwortlich, gemobbt zu werden.
» Mobbing und Stalking sind Formen von Gewalt.
» Dein Schutz vor weiterem Mobbing steht immer an erster Stelle.
» Gehe überlegt vor und sprich so schnell wie möglich mit deinen Eltern oder einer Person, der du vertraust.
» Versuche nicht, das Mobbing auszusitzen, durch Geschenke zu lösen, oder dich zu wehren.
» Führe gemeinsam mit deinen Eltern ein Mobbing-Tagebuch.
» Vertraue deinen Eltern, dass sie im Gespräch mit deinen Lehrern oder deinem Trainer die richtigen Schritte einleiten, um das Mobbing zu beenden.

ANHANG

Checklisten Mobbing

Die hier folgenden Checklisten können sowohl Eltern als auch Kindern helfen, erste Anhaltspunkte zu erhalten, ob Mobbing oder Stalking vorliegen. Diese Checklisten können auch von der Homepage des Beltz Verlags heruntergeladen werden, um mit ihnen zu arbeiten. Die Anleitung dafür finden Sie auf Seite 198.

Checkliste für Eltern von Grundschulkindern

In dieser Checkliste finden Sie Aussagen über häufige Verhaltensmerkmale, die auf Mobbing bei Kindern hinweisen können:

Zu Hause:

☐ Ihr Kind wirkt belastet, wenn es aus der Schule kommt.

☐ Ihr Kind ist morgens vor der Schule nervös und angespannt.

☐ Ihr Kind zeigt wiederholt emotionale Ausbrüche (Weinen, Aggressionen etc.) nach der Schule.

☐ Ihr Kind berichtet vermehrt über Kopf- und Bauchschmerzen oder andere Symptome.

☐ Ihr Kind ist zunehmend ängstlich und weigert sich, zur Schule zu gehen.

- ☐ Ihr Kind geht seinen Hobbys nicht mehr nach.
- ☐ Ihr Kind wird nicht mehr zu Geburtstagen eingeladen.
- ☐ Ihr Kind hat immer neue Begründungen, warum es plötzlich mehr Geld für die Schule benötigt.
- ☐ Es fehlt Geld im Portemonnaie.
- ☐ Ihr Kind hat Angst vor bestimmten Lehrern oder Lehrerinnen.
- ☐ Nur in bestimmten Fächern gibt es plötzlich schlechtere Noten.

In der Schule:

- ☐ Ihr Kind hat zunehmende Konzentrationsstörungen.
- ☐ Ihr Kind bleibt in den Pausen am liebsten im Klassenzimmer.
- ☐ Ihr Kind zeigt einen deutlichen Abfall der schulischen Leistungen.
- ☐ Ihr Kind reagiert nur noch sehr zurückhaltend bei Fragen zum Schultag.
- ☐ Ihr Kind erfindet Ausreden, wenn Schulmaterial nicht mehr vorhanden ist oder zerstört wurde.
- ☐ Ihr Kind geht Aktivitäten mit anderen Kindern aus dem Weg.

Checkliste für Eltern von Jugendlichen

In dieser Checkliste finden Sie Aussagen, die beim Mobbing eine große Rolle spielen. Wenn Sie sich nicht sicher sind, ob Ihr Kind gemobbt wird, kann sie Ihnen mehr Klarheit bringen. Sie müssen die Fragen ehrlich beantworten. Nur so können Sie herausfinden, ob Mobbing bei Ihrem Kind eine Rolle spielt. Die Aussagen beziehen sich auf die letzten drei Monate.

Mein/Unser Kind ...

☐ ... geht gerne zur Schule.
☐ ... bekommt Unterstützung durch die Lehrer.
☐ ... hat in seiner/ihrer Klasse Freunde.
☐ ... fühlt sich in seiner/ihrer Klasse wohl.
☐ ... hat oft Angst, zur Schule zu gehen.
☐ ... zieht sich stark zurück.
☐ ... hat schlechtere Schulleistungen.
☐ ... ist ohne erkennbaren Grund aggressiver geworden.
☐ ... fühlt sich ausgegrenzt und ignoriert.
☐ ... berichtet wiederholt von Beleidigungen.
☐ ... berichtet von wiederholten körperlichen Angriffen.
☐ ... kommt wiederholt mit kaputten Sachen zurück.
☐ ... berichtet davon, dass ihm/ihr Sachen gestohlen wurden.
☐ ... wird auf dem Schulweg belästigt.
☐ ... wurde im Internet diffamiert.
☐ ... bekommt wiederholt anonyme Anrufe.

Sollten Sie die ersten vier Aussagen mit »nein« und viele der übrigen Aussagen mit »ja« beantworten, sollten Sie daran denken, dass Ihr Kind gemobbt werden könnte, und sich sofort Unterstützung holen.

Checkliste für Grundschulkinder

In dieser Checkliste findest du Aussagen, die beim Mobbing eine große Rolle spielen. Wenn du dir nicht sicher bist, ob du gemobbt wirst, kann sie dir mehr Klarheit bringen. Vielleicht bittest du deine Eltern, dir bei der Beantwortung zu helfen. Du musst die Fragen ehrlich beantworten. Nur so kannst du herausfinden, ob Mobbing bei dir eine Rolle spielt. Die Aussagen beziehen sich auf die letzten drei Monate.

- ☐ Ich gehe gerne zur Schule.
- ☐ Ich habe in meiner Klasse Freunde.
- ☐ In meiner Klasse fühle ich mich wohl.
- ☐ Ich habe oft Angst, zur Schule zu gehen.
- ☐ In der Pause bin ich allein.
- ☐ Niemand spielt mit mir.
- ☐ Ich werde ausgegrenzt und ignoriert.
- ☐ Ich werde regelmäßig beleidigt.
- ☐ Ich werde geschubst und gehauen.
- ☐ Ich werde bei meinen Wortmeldungen ausgelacht.
- ☐ Niemand möchte Gruppenarbeit mit mir machen.
- ☐ Meine Sachen werden kaputt gemacht.
- ☐ Meine Sachen werden mir weggenommen.
- ☐ Ich werde auf dem Schulweg belästigt.

Solltest du die ersten drei Aussagen mit »nein« und viele der übrigen Aussagen mit »ja« beantworten, solltest du dir unbedingt Hilfe holen.

Checkliste für Jugendliche

In dieser Checkliste findest du Aussagen, die beim Mobbing eine große Rolle spielen. Wenn du dir nicht sicher bist, ob du gemobbt wirst, kann sie dir mehr Klarheit bringen. Du musst die Fragen ehrlich beantworten. Nur so kannst du herausfinden, ob Mobbing bei dir eine Rolle spielt. Die Aussagen beziehen sich auf die letzten drei Monate.

- ☐ Ich gehe gerne zur (Berufs-)Schule.
- ☐ Ich habe in der Klasse Freunde.
- ☐ Meine Lehrer unterstützen mich.
- ☐ Ich habe oft Angst, zur Schule zu gehen.
- ☐ In der Pause bin ich oft allein.
- ☐ Ich werde ausgegrenzt und ignoriert.
- ☐ Ich werde regelmäßig beleidigt.
- ☐ Ich werde bei meinen Wortmeldungen ausgelacht.
- ☐ Niemand möchte Gruppenarbeit mit mir machen.
- ☐ Meine Sachen werden kaputt gemacht.
- ☐ Meine Sachen wurden mir gestohlen.
- ☐ Ich werde körperlich angegriffen oder begrapscht.
- ☐ Ich werde auf dem Schulweg belästigt.
- ☐ Ich bekomme anonyme Nachrichten.
- ☐ Im Klassenchat werde ich blockiert.
- ☐ Im Internet werden beleidigende Fotos und Beiträge ohne mein Wissen gepostet.
- ☐ Ich werde bedroht oder erpresst.

Solltest du die ersten drei Aussagen mit »nein« und viele der übrigen Aussagen mit »ja« beantworten, solltest du dir unbedingt Hilfe holen.

Checkliste für Jugendliche in der Ausbildung

In dieser Checkliste findest du Aussagen, die beim Mobbing am Arbeitsplatz eine große Rolle spielen. Wenn du dir nicht sicher bist, ob du gemobbt wirst, kann sie dir mehr Klarheit bringen. Du musst die Fragen ehrlich beantworten. Nur so kannst du herausfinden, ob Mobbing bei dir eine Rolle spielt. Die Aussagen beziehen sich auf die letzten drei Monate.

- ☐ Meine Ausbilder unterstützen mich.
- ☐ Ich weiß oft nicht, was von mir erwartet wird.
- ☐ Ich bekomme nicht die richtigen Arbeitsmittel.
- ☐ Ich werde für meine Arbeit ständig kritisiert.
- ☐ Die von mir geforderte Arbeit entspricht nicht meinem Ausbildungsstand.
- ☐ Meine Kollegen verbreiten Gerüchte über mich.
- ☐ Meine Meinung zählt nicht so wie die der anderen Auszubildenden.
- ☐ Meine Arbeit wird bewusst sabotiert.

Solltest du die ersten drei Aussagen mit »nein« und viele der übrigen Aussagen mit »ja« beantworten, solltest du dir unbedingt Hilfe holen.

ANHANG

Kontakt- und Beratungsstellen

Anlaufstelle Diskriminierungsschutz an Schulen (ADAS)
ADAS-Hotline: 08 00-7 24 50 67
Beratungstelefon: 0 30-30 87 98 46
Homepage: https://adas-berlin.de/

ADAS ist eine unabhängige Beratungs- und Beschwerdestelle in Berlin, die auf Mobbing an Schulen spezialisiert ist. Das Beratungs- und Unterstützungsangebot von ADAS richtet sich an Schülerinnen und Schüler, Eltern, Lehrkräfte sowie Beschäftigte und hilft bei Diskriminierungen aller rechtlich geschützten Merkmale (ethnische Herkunft, Geschlecht, Religion/Weltanschauung, sexuelle Orientierung, Behinderung, Lebensalter, sozialer Status) weiter.

OFEK e. V.
Telefon: 08 00-6 64 52 68
Homepage: https://ofek-beratung.de/

OFEK e. V. ist ein gemeinnütziger Verein und eine Fachberatungsstelle, die auf Antisemitismus spezialisiert ist. OFEK berät, begleitet und unterstützt Betroffene, Angehörige sowie Zeuginnen und Zeugen antisemitischer Vorfälle und Gewalttaten. OFEK bietet Beratungen für Einzelpersonen und Gruppen und unterhält eine bundesweite Hotline sowie regionale Unterstützung in Berlin, Hessen, Baden-Württemberg, Sachsen und Sachsen-Anhalt.

Mobbing stoppen! Kinder stärken!
Homepage: https://www.du-doof.org/#wir

»Mobbing stoppen! Kinder stärken!« ist eine spendenfinanzierte Stiftung gegen Mobbing und Cybermobbing im Stifterverband für die Deutsche Wissenschaft e. V. Die Stiftung setzt sich für Betroffene von Mobbing und Cybermobbing ein und unterstützt Anti-Mobbing-Projekte.

Bündnis gegen Cybermobbing e. V.
Telefon: 07 21-1 60 09 15
Homepage: https://www.buendnis-gegen-cybermobbing.de/

Das Bündnis gegen Cybermobbing setzt sich seit Juli 2011 als gemeinnütziger Verein dafür ein, Menschen, die persönlich – sei es beruflich oder privat – von der Thematik betroffen sind, zusammenzubringen. Ziel ist es, gegen Cybermobbing und Gewalt im Internet vorzugehen und die Gesellschaft darüber aufzuklären.

Zeichen gegen Mobbing e. V.
Homepage: https://zeichen-gegen-mobbing.de/

Der Verein engagiert sich insbesondere gegen Mobbing unter Kindern und Jugendlichen. Etwa 150 Ehrenamtliche, genannt »Social Visionarys«, organisieren Workshops an Schulen in ganz Deutschland. Dabei arbeiten die jungen Freiwilligen auf Augenhöhe mit Schülerinnen und Schülern, Lehrkräften und Eltern zusammen.

Gemeinsam Klasse sein
Homepage: https://www.tk.de/lebenswelten/gesundheit-foerdern/gesunde-schule/gemeinsam-klasse-sein-2010444

»Gemeinsam Klasse sein« ist ein Schulprojekt gegen Mobbing und Cybermobbing und ist das Nachfolgeprojekt des »Anti-Mobbing-Koffers« der Techniker Krankenkasse.

Jugendnotmail.Berlin
Homepage: https://jugendnotmail.berlin/

Das Projekt ist ein kostenloses psychosoziales Beratungsangebot für Berliner Kinder und Jugendliche. Ziel ist es, junge Menschen in ihrer jeweiligen Lebenssituation zu stärken und ihnen Kompetenzen zu vermitteln, die es ihnen ermöglichen, sich selbst Unterstützung zu organisieren und – wenn möglich – von professioneller Hilfe unabhängig zu werden.

Nummer gegen Kummer e. V.
Kinder- und Jugendtelefon: 11 61 11
Elterntelefon: 08 00-1 11 05 50
Homepage: https://www.nummergegenkummer.de/

Nummer gegen Kummer e. V. ist die Dachorganisation des größten kostenfreien telefonischen Beratungsangebotes für Kinder, Jugendliche und Eltern in Deutschland

Telefonseelsorge
Telefon: 08 00-1 11 01 11 (evangelische Kirche)
Telefon: 08 00-1 11 02 22 (katholische Kirche)

Die Telefonseelsorge ist ein anonymes Gesprächsangebot der katholischen und evangelischen Kirche in Deutschland. Alle Gesprächsinhalte werden vertraulich behandelt.

Polizeiliche Beratungsstellen (bundesweit)
Homepage: https://www.polizei-beratung.de/opferinformationen/beratungsstellensuche/

Hier sind die Polizeilichen Beratungsstellen in ganz Deutschland verzeichnet. Sie bieten kostenlose Beratungen, u. a. zum Thema »Stalking«.

Stop-Stalking
Telefon: 0 30-2 21 92 20 00
Homepage: https://www.stop-stalking-berlin.de/de/home/

Die Beratungsstelle berät Betroffene von Stalking sowie Angehörige und Personen, die im beruflichen Kontext mit Stalking zu tun haben.

WEISSER RING
Tel: 11 60 06
Homepage: https://weisser-ring.de/tipps-gegen-stalking

Der Verein bietet Hilfe für Menschen, die Opfer einer Straftat geworden sind. Er hat eine NO STALK App (https://nostalk.de/) entwickelt, die bei der Dokumentation von Stalking-Taten unterstützt: Mit der App können die Handlungen der Täter mit dem Smartphone beweiskräftig gesichert und dokumentiert werden.

Hinweise zum Onlinematerial

Auf der Produktseite zum Buch auf www.beltz.de finden Sie die Checklisten der vorangegangenen Seiten sowie das Kapitel 10, das sich an Kinder und Jugendliche richtet, als Onlinematerial. Sie können die Checklisten und das Kapitel herunterladen, um sie auszudrucken und mit ihnen zu arbeiten bzw. sie an Ihre Kinder weiterzugeben.

Mit dem folgenden Benutzernamen und Passwort ist die Datei zugänglich:

Benutzername: Mobbing
Passwort: Praevention%23

Danksagung

Auch dieses Buch zu schreiben, war nur deshalb möglich, weil mir über viele Jahre meiner ärztlichen Tätigkeit Kinder und Jugendliche sowie ihre Familien Einblicke in ihr Leben, ihre Sorgen und Probleme, aber auch die Wege, diese Probleme gemeinsam zu lösen, gewährt haben.

Mein besonderer Dank gilt Julia Matthias, die mir mit ihren kritischen wie inspirierenden Anmerkungen und Vorschlägen half, Inhalte und Stil des Buches zu überdenken und zu überarbeiten.

Frau Dr. Hanna Söker gilt mein besonderer Dank für die Anmerkungen über die juristischen Dimensionen des Mobbings und Stalkings.

Dank gilt meiner Familie, die meine Arbeit auch weiterhin positiv unterstützt und dennoch kritisch begleitet.

Anmerkungen

Kapitel 1: Mobbing und Stalking – Eine Bestandsaufnahme

1. Wissenschaftlicher Dienst des Deutschen Bundestages (WD 9 3000-056/18).
2. PISA 2015 Results (Band III): Students' Well-Being: Most teenagers happy with their lives but schoolwork anxiety and bullying an issue. URL: https://www.oecd.org/newsroom/most-teenagers-happy-with-their-lives-but-schoolwork-anxiety-and-bullying-an-issue.htm, abgerufen am 18.02.2023.
3. Robert Koch-Institut (2020): Mobbing und Cybermobbing bei Kindern und Jugendlichen in Deutschland – Querschnittergebnisse der HBSC-Studie 2017/18 und Trends. In: Journal of Health Monitoring 5(3), URL: https://www.rki.de/DE/Content/Gesundheitsmonitoring/Gesundheitsberichterstattung/GBEDownloadsJ/Focus/JoHM_03_2020_HBSC_Mobbing.pdf?__blob=publicationFile/, abgerufen am 18.02.2023.
4. Craig, W. et al. (2009): A cross-national profile of bullying and victimization among adolescents in 40 countries. In: International Journal of Public Health 54, S. 216–224.
5. Schwedes, C. (2009): Präventionsarbeit an Schulen in Deutschland. Handlungsfelder und räumliche Implikationen (Forum Humangeographie 4). URL: https://www.uni-frankfurt.de/47267743/FH-4.pdf, abgerufen am 18.02.2023.
6. Bundesministerium für Familie, Senioren, Frauen und Jugend (BMFSFJ): Dr. Franziska Giffey schickt über 170 Anti-Mobbing-Profis an Schulen. Meldung vom 9. April 2018, URL: https://www.bmfsfj.de/bmfsfj/dr-franziska-giffey-schickt-ueber-170-anti-mobbing-profis-an-schulen/122930, abgerufen am 18.02.2023.
7. Statista (2022): Anzahl der allgemeinbildenden Schulen in Deutschland in den Schuljahren von 2000/2001 bis 2021/2022. URL: https://de.statista.com/sta

tistik/daten/studie/476776/umfrage/allgemeinbildende-schulen-in-deutschland/#:~:text=Die%20Statistik%20zeigt%20die%20Anzahl,in%20Deutschland%2032.206%20allgemeinbildenden%20Schulen, abgerufen am 18.02.2023.

Kapitel 2: Mobbing und Gesundheit – Was passiert mit unseren Kindern?

1. DAK-Gesundheit: Kinder- und Jugendreport 2022. URL: https://www.dak.de/dak/gesundheit/kinder--und-jugendreport-2022-2571000.html#/, abgerufen am 18.02.2023.
2. Rodman, A., Powers, K., Sommerville, I. (2017): Development of self-protective biases in response to social evaluative feedback. In: Proceedings of the National Academy of Science 114(50), 13158–13163.
3. Jantzer, R., Resch, F., Kaess, M. (2019): Mobbing im Kindes- und Jugendalter. Folgen und Prävention. In: Nervenheilkunde 38, 35–39.
4. Vailancourt, T. et al. (2013): Longitudinal links between childhood peer victimization, internalizing and externalizing problems, and academic functioning: developmental cascades. In: Journal of Abnormal Child Psychology 41(8), 1203–15.
5. Tran, C. V., Cole, D. A., Weiss, B. (2012): Testing reciprocal longitudinal relations between peer victimization and depressive symptoms in young adolescents. In: Journal of Clinical Child and Adolescent Psychology 41(3), 353–360; Bilsky, S. A., Cole, D. A., Dukewich, T. L. et al. (2013): Does supportive parenting mitigate the longitudinal effects of peer victimization on depressive thoughts and symptoms in children? In: Journal of Abnormal Psychology 122(2), 406–419.
6. Plener, P. L. et al. (2017): Suizidalität im Kindes- und Jugendalter. In: Nervenheilkunde 36, 227–232; Van Geel, M. et al. (2014): Relationship Between Peer Victimization, Cyberbullying, and Suicide in Children and Adolescents. A Meta-analysis. In: JAMA Pediatriatrics 168(5), 435–442.
7. Van Geel, M. et al. (2014): Relationship Between Peer Victimization, Cyberbullying, and Suicide in Children and Adolescents. A Meta-analysis. In: JAMA Pediatriatrics 168(5), 435–442.; Van Geel, M. et al. (2015): A meta-analysis on the relation between peer victimization and adolescent non-suicidal self-injury. In: Psychiatry Research 230(2), 364–368.
8. Van Geel, M. et al. (2014): Relationship Between Peer Victimization, Cyberbullying, and Suicide in Children and Adolescents. A Meta-analysis. In: JAMA Pediatriatrics 168(5), 435–442.
9. Brown, C. et al. (2019): Zusammenhang von Mobbing, internalisierenden Verhaltensproblemen und Inanspruchnahme von psychiatrischer und psychothe-

rapeutischer Behandlung in der deutschen Allgemeinbevölkerung. In: Nervenheilkunde 38, 10–16.

Kapitel 3: Aggression und Entwicklung – Ein Erklärungsmodell für Mobbing und Stalking

1. Dorsch: Lexikon der Psychologie. Autorin des Stichworts: Prof. Dr. B. Krahé, zuletzt bearbeitet 09.11.2022, URL: https://dorsch.hogrefe.com/stichwort/aggression, abgerufen am 18.02.2023.
2. Bischof-Köhler, D. (2011): Soziale Entwicklung in Kindheit und Jugend. Bindung, Empathie, Theory of Mind. Stuttgart: Verlag W. Kohlhammer, S. 169.
3. Nickel, H., Schmidt-Denter, U. (1980): Sozialverhalten von Vorschulkindern. München: Verlag Reinhardt.
4. Krappmann, L., Oswald, H. (1996): Alltag der Schulkinder. Weinheim: Beltz.
5. Freud, S. (1926): Hemmung, Symptom und Angst (GW XIV). Frankfurt a. M.: Fischer, S. 109–205.
6. Bilke-Hentsch, O., Sevecke, K. (Hrsg.) (2017): Aggressivität, Impulsivität und Delinquenz. Von gesunden Aggressionen bis zur forensischen Psychiatrie bei Kindern und Jugendlichen. Stuttgart: G. Thieme.
7. Heckhausen, H. (1985): Emotionen im Leistungsverhalten aus ontogenetischer Sicht. In: C. Eggers (Hrsg.): Emotionalität und Motivation im Kindes- und Jugendalter. Frankfurt a. M.: Fachbuchhandlung für Psychologie, S. 95–131.
8. Bilke-Hentsch, O., Sevecke, K. (Hrsg.) (2017): Aggressivität, Impulsivität und Delinquenz. Von gesunden Aggressionen bis zur forensischen Psychiatrie bei Kindern und Jugendlichen. Stuttgart: G. Thieme.
9. Crick, N. R., Dodge, K. A. (1996): Social information-processing mechanisms in reactive and proactive aggression. In: Child Development 1996; 67, 993–1002.
10. Godar, S. et al. (2016): The role of monoamine oxidase A in aggression: Current translational developments and future challenges. In: Progress in Neuro-Psychopharmacology and Biological Psychiatry 69.
11. Garandeau, C. F., Cilessen, A. H. (2006): From indirect aggression to invisible aggression: a conceptual view on bullying and peers group manipulation. In: Aggression and Violent Behaviour 11, 612–625.

Kapitel 4: Risikofeld Schule – Mobbing im Klassenzimmer und auf dem Schulhof

1. Anlaufstelle Diskriminierungsschutz an Schulen (ADAS). URL: https://www.adas-berlin.de/, abgerufen am 18.02.2023.

2. OFEK e. V. URL: https://ofek-beratung.de/, abgerufen am 18.02.2023.
3. Bundesministerium der Justiz: Allgemeines Gleichbehandlungsgesetz (AGG). URL: https://www.gesetze-im-internet.de/agg/BJNR189710006.html, abgerufen am 18.02.2023.
4. Omer, H., Streit, P. (2019): Neue Autorität: Das Geheimnis starker Eltern. Göttingen: Vandenhoeck und Ruprecht.

Kapitel 5: Risikofeld Internet – Cybermobbing und Cyberstalking

1. Medienpädagogischer Forschungsverbund Südwest: JIM-Studie 2022. URL: https://www.mpfs.de/fileadmin/files/Studien/JIM/2022/JIM_2022_Web_final.pdf, abgerufen am 18.02.2023.
2. Medienpädagogischer Forschungsverbund Südwest: JIM-Studie 2022. URL: https://www.mpfs.de/fileadmin/files/Studien/JIM/2022/JIM_2022_Web_final.pdf, abgerufen am 18.02.2023; Medienpädagogischer Forschungsverbund Südwest: KIM-Studie 2020. URL: https://www.mpfs.de/fileadmin/files/Studien/KIM/2020/KIM-Studie2020_WEB_final.pdf, abgerufen am 18.02.2023; Bitkom Research (2019): Mit 10 Jahren haben die meisten Kinder ein eigenes Smartphone. URL: https://www.bitkom.org/Presse/Presseinformation/Mit-10-Jahren-haben-die-meisten-Kinder-ein-eigenes-Smartphone, abgerufen am 18.02.2023.
3. Bundeskriminalamt: Polizeiliche Kriminalstatistik 2020, T20 Tatverdächtige insgesamt nach Alter und Geschlecht bei vollendeten Fällen. https://ckan.govdata.de/dataset/2020-polizeiliche-kriminalstatistik-t20-tatverdachtige-insgesamt-nach-alter-und-geschlecht-bei-volle, abgerufen am 18.02.2023.
4. Quandt, T., Vogelsang, J. (2018): Jugend, Internet und Pornografie. Eine repräsentative Befragungsstudie zu individuellen und sozialen Kontexten der Nutzung sexuell expliziter Inhalte im Jugendalter. Wiesbaden: Springer, S. 91–118.
5. Statista (2022): Konsum von Pornofilmen von Jugendlichen in der Schweiz nach Geschlecht 2022. URL: https://de.statista.com/statistik/daten/studie/440323/umfrage/konsum-von-pornofilmen-von-jugendlichen-in-der-schweiz-nach-geschlecht/, abgerufen am 18.02.2023.
6. Schmid, C.: Optimus Studie 2012: Sexuelle Übergriffe an Kindern und Jugendlichen in der Schweiz. Formen, Verbreitung, Tatumstände. UBS Optimus Foundation. URL: https://www.kinderschutz.ch/angebote/herunterladen-bestellen/optimus-studie-2012, abgerufen am 18.02.2023.
7. Bundesministerium der Justiz: Jugendschutzgesetz (JuSchG). URL: https://www.gesetze-im-internet.de/juschg/BJNR273000002.html, abgerufen am 18.02.2023.

Kapitel 6: Risikofeld Familie – Mobbing unter Geschwistern

1. Bundesministerium der Justiz: Bürgerliches Gesetzbuch (BGB), §1631, https://www.gesetze-im-internet.de/bgb/__1631.html, abgerufen am 18.02.2023.
2. Statistisches Bundesamt (2022): Bevölkerung und Erwerbstätigkeit. Haushalte und Familien. Ergebnisse des Mikrozensus (Endergebnisse 2020). URL: https://www.destatis.de/DE/Themen/Gesellschaft-Umwelt/Bevoelkerung/Haushalte-Familien/Publikationen/_publikationen-innen-haushalte.html, abgerufen am 18.02.2023.
3. Reckwitz, A. (2019): Die Gesellschaft der Singularitäten. Berlin: Suhrkamp.
4. Bischof-Köhler, D. (2011): Soziale Entwicklung in Kindheit und Jugend. Bindung, Empathie, Theory of Mind. Stuttgart: W. Kohlhammer, S. 229–236.
5. Ebd.
6. Caffaro, J. V. (2014): Sibling Abuse Trauma: Assessment and Intervention Strategies for Children, Families, and Adults. New York: Routledge, 2. Auflage; Finkelhor, D., Turner, H., Ormrod, R. (2006): Kid's Stuff: The Nature and Impact of Peer and Sibling Violence on Younger and Older Children. In: Child Abuse & Neglect 30 (12), 1401–1421.
7. Bischof-Köhler, D. (2011): Soziale Entwicklung in Kindheit und Jugend. Bindung, Empathie, Theory of Mind. Stuttgart: W. Kohlhammer, S. 229–236.
8. Michalos, A. C. (Hrsg.) (2014): Sibling Violence. In: Encyclopedia of Quality of Life and Well-being Research. Dordrecht: Springer, S. 109.
9. Libal, R., Deegener, G. (2005): Häufigkeiten unterschiedlicher Gewalterfahrungen in Kindheit und Jugend sowie Beziehungen zum psychischen Befinden im Erwachsenenalter. In: Deegener, G., Körner, W. (Hrsg.): Kindesmisshandlung und Vernachlässigung. Ein Handbuch. Göttingen: Hogrefe, S. 59–93.
10. Wolke, D. et al. (2015): Bullying in the family: Sibbling bullying. In: The Lancet Psychiatry 2(10), 917–929.
11. Bischof-Köhler, D. (2011): Soziale Entwicklung in Kindheit und Jugend. Bindung, Empathie, Theory of Mind. Stuttgart: W. Kohlhammer, S. 229–236.
12. Witte, S. et al. (2019): Die dunkle Seite von Geschwisterbeziehungen. Der Einfluss von Konflikten, Rivalität und Gewalt auf die psychische Belastung in einer retrospektiven Online-Befragung. In: Nervenheilkunde 38(01), 23–28.
13. Witt, A., Fegert, J. (2019): Bullying unter Geschwistern. Eine Übersicht. In: Nervenheilkunde 38(01), 17–20.
14. Ebd.
15. Catone, G. et al. (2017): Bullying victimisation and psychosis: The interpendence and independence of risk trajectories. In: British Journal of Psychiatry Advances 23(06), 397–406.

16. Witt, A., Fegert, J. (2019): Bullying unter Geschwistern. Eine Übersicht. In: Nervenheilkunde 38(01), 17–20.
17. Bundesministerium der Justiz: Sozialgesetzbuch (SGB), Achtes Buch (VIII), Kinder- und Jugendhilfe (Artikel 1 des Gesetzes v. 26. Juni 1990, BGBI. I S. 1163). URL: https://www.gesetze-im-internet.de/sgb_8/BJNR111630990.html, abgerufen am 18.02.2023.

Kapitel 7: Stalking – Die unterschätzte Gewalt

1. Statista (2022): Anzahl der polizeilich erfassten Fälle von Stalking in Deutschland von 2010 bis 2021. URL: https://de.statista.com/statistik/daten/studie/157327/umfrage/polizeilich-erfasste-faelle-von-stalking-seit-2007, abgerufen am 18.02.2023.
2. Will, R. et al. (2012): Gesundheitliche Folgen von Stalking. In: Das Gesundheitswesen 74(5), 315–321.
3. Roberts, K., Tolou-Shams, M., Madera, K. (2016): Adolescent versus adult stalking: A brief review. In: Journal of Forensic Psychology Practice 16, 236–252.
4. Kliem, S., Krieg, Y., Baier, D. (2021): Stalking im Jugendalter. Prävalenz und Zusammenhänge mit psychischer Befindlichkeit. In: Kindheit und Entwicklung 30(4).
5. Moffitt, T. E. (1993): Adolescence-Limited and Life-Course-Persistent Antisocial Behavior: A Developmental Taxonomy. In: Psychological Review 100(4), 674–701.
6. Reidy, D., Smith-Darden, J., Kernsmith, P. (2016): Behavioral and Mental Health Correlates of Youth Stalking Victimization: A Latent Class Approach. In: American Journal of Preventive Medicine 51(6), 1007–1014.
7. Smith-Darden, J., Reidy, D., Kernsmith, P. (2016): Adolescent stalking and risk of violence. In: Journal of Adolescense 52, 191–200.
8. Purcell, R. et al. (2009): Stalking among juveniles. In: The British Journal of Psychiatry 194, 451–455.
9. Evens, T., Meloy, J. (2010): Identifying and Classifying Juvenile Stalking Behavior. In: Journal of Forensic Sciences 56, 266-270.

Kapitel 8: Mobbing und Recht – Ist das strafbar?

1. Bundesministerium des Inneren: Jugendgerichtsgesetz (JGG). URL: https://www.gesetze-im-internet.de/jgg/, abgerufen am 18.02.2023.
2. Ostendorf, H. (2015): Jugendstrafrecht. Baden-Baden: Nomos. 8. Auflage.
3. Bundesministerium des Inneren: Strafgesetzbuch (StGB). URL: https://www.gesetze-im-internet.de/stgb/, abgerufen am 18.02.2023.
4. Bundeskriminalamt: Polizeiliche Kriminalstatistik 2020, T20 Tatverdächtige

insgesamt nach Alter und Geschlecht bei vollendeten Fällen. https://ckan.govdata.de/dataset/2020-polizeiliche-kriminalstatistik-t20-tatverdachtige-insgesamt-nach-alter-und-geschlecht-bei-volle, abgerufen am 18.02.2023.
5. Bundesministerium der Justiz: Gesetz zur Verbesserung der Rechtsdurchsetzung in sozialen Netzwerken (Netzwerkdurchsetzungsgesetz – NetzDG). URL: https://www.bmj.de/DE/Themen/FokusThemen/NetzDG/NetzDG_node.html, abgerufen am 18.02.2023.
6. Liesching, M., Funke, C. et al. (2021): Das NetzDG in der praktischen Anwendung. Eine Teilevaluation des Netzwerkdurchsetzungsgesetzes. Berlin: Carl Grossmann Verlag.
7. Bundesgerichtshof (2013): BGH 4 StR 168/13. URL: http://juris.bundesgerichtshof.de/cgi-bin/rechtsprechung/document.py?Gericht=bgh&Art=en&Datum=Aktuell&Sort=12288&nr=65514&pos=1&anz=517, abgerufen am 18.02.2023.
8. Landgericht Memmingen: Urteil vom 03.02.2015; AZ. 21 O 1761/13. URL: https://openjur.de/u/857819.html, abgerufen am 18.02.2023.

Kapitel 9: Mobbing und Resilienz – Was stärkt Kinder und Jugendliche?

1. Landesanstalt für Medien NRW (2021): Neue Forsa-Zahlen zur Wahrnehmung von Hasskommentaren im Internet. URL: https://www.medienanstalt-nrw.de/presse/pressemitteilungen-2021/2021/juni/neue-forsa-zahlen-zur-wahrnehmung-von-hassrede-im-netz.html, abgerufen am 18.02.2023; Statista (2021): Frauen sind stärker für Hate Speech sensibilisiert. URL: https://de.statista.com/infografik/25335/haeufigkeit-der-wahrnehmung-von-hasskommentaren-im-netz/, abgerufen am 18.02.2023.